セルフマネジメントプロデューサー
メンタルコーディネーター／心理家

斉藤恵一

凡人の人生が劇的に変わる

出会いの技術

仕事も恋愛も
ワンランク上の相手とつきあって
引き上げてもらう！

standards

はじめに

まず最初に、この本を手に取ったあなたに質問をします。

『凡人の人生が劇的に変わる出会いの技術』

本書のこのタイトルを目にして、どんなことを考えますか？

「『出会い』なんかで人生が本当に変わるの？」と半信半疑に思う方もいるかもしれませんね。

しかし、「『出会いの技術』があれば人生にビッグチェンジを起こせる」というのは本当のことです。


私は現在、心理学をベースにした企業のコンサルティングや個人向けのコーチング、起業を目指している方向けのスクール講師などの仕事をしています。

日々の活動を通じてのべ4万人の方々と接していると、うまくいく人とうまくいかない人、売れる人と売れない人、結果が出る人となかなか結果が出ない人、それぞれの違いには共通点があることを感じています。

その成否を分けるものは、「能力」や「才能」などではありません。

芸能界で売れているタレントやモデル、俳優などを見ていても、「能力」や「才能」が高い順に売れているのかというと、そうとも限らないような気がしませんか？　ビジネスの世界でも同じで、「能力」や「才能」がある人だけが成功していて、そうではない人は成功できないのかというと、決してそんなことはありません。

ということは、結果を分ける理由は他にあるということです。

以前、私は歌舞伎町でホストの仕事を約7年間、やっていました。

はじめの半年間は指名ゼロ、売り上げゼロのダメホストで、その売れない理由は私のスペックの低さだと思っていました。チビでブスで人見知りで、お酒も弱くてダンスもできない私は、売れなくて当然だと半ば諦めていたのです。

しかし、心理学と出会い、勉強しながら学んだことを実践することで、その後に売り上げナンバー1を達成することができました。

別に整形したわけでも、急に何かの才能が目覚めたわけでもありません。ナンバー

1になってからも私のスペックは相変わらず低いままです。変わったことといえば、心理学を学んだことで頑張り方の方向性が変化したことくらいです。

それまでの私はひたすら自分磨きに一生懸命でした。自分の知識や技術のレベルが上がれば、お客様がきっと指名してくれると信じていましたから。しかし、頑張っても頑張ってもうまくいかず、むしろ空回って疲弊していきました。

そもそもスペックの低い凡人の私では自力で頑張ってもスペックの高い人には勝てないし、その差はなかなか埋まるものではありませんでした。

そんなとき、心理学を通じて、「信じたことが現実化する」ということを知りました。その理屈を少し解説すると、**現実を変えたければ「自分らしい」と感じるゾーン（コンフォートゾーン）のステージを上げることが重要だということです。**そこにいる自分と慣れ親しみ、心地よさを感じることでセルフイメージを向上すれば、自己肯定感が得られる。すると、自分が感じている「当たり前」の基準が明快になり、信じていることが変わることによって、現実そのものが変わっていくということです。

そして、そのコンフォートゾーンを移行させるために最も手っ取り早い方法は、**つきあう相手を変えて、その人のステージに引き上げてもらうことなのです。**

・人は環境によって作られる。環境が変われば人生が変わる
・環境が変わると思考、言葉、行動が変わる。行動が変われば現実が変わる

つまりコンフォートゾーンが変われば、現実は変わるということ。

コンフォートゾーンが変わることで、最初は違和感を感じるかもしれませんが、辛抱してそこに居続けると、思考、言葉、行動の習慣が変わってきて、気づいたときには、昔の自分が快適だと感じていた場所が逆に居心地悪くなっていきます。

言ってみれば、引っ越してすぐの新居に慣れずにホームシックになっても、しばらくすれば新しい環境が心地よく感じるようになるのと同じことです。

では、どうやって新しい人たちと出会い、コンフォートゾーンを引き上げてもらうのか？

その思考とスキルをまとめたのが本書です。

凡人がワンランク上の人と出会い、人生を劇的に変えるためのプロセスを、「準備編」と「実践編」に分けて余すところなくお伝えします。

あとは、あなたがそれを信じて実践するのみ。

自分なんて大した人間ではないと諦める前に、もうちょっとだけ自分を信じて、理想の自分になると覚悟を決めて行動してみてください。

そうすれば、あなたの人生は確実にうまくいきます。

CONTENTS

CONTENTS

Chapter 2

準備編2

「また会いたい」と言われる人になるための〝心〟の習慣

～相手にとって「特別な存在」になる方法～

CONTENTS

Chapter 3

準備編3

人に出会いモテる環境を手に入れる

～自分自身を見つめて、解放しよう～

CONTENTS

Chapter 4

実践編1

ワンランク上の仕事相手に出会う

～「ソーシャル・インテリジェンス力」を身につけよう～

Chapter 5

実践編2

ワンランク上の恋愛相手に引き上げてもらう

～3ステップで意中の相手を射止める～

CONTENTS

Chapter 6

まとめ編

さらに上の人生を手に入れるために

～奇跡が起こるのは偶然ではなく、必然～

準備編1

まず見た目、言葉を変えよう

〜結局、第一印象が人生を左右する〜

Chapter.

1

凡人の人生が劇的に変わる出会いの技術 1

未来を変えたいなら、まず外見から変える

「外見」の第一印象がその人のイメージを決める

人は、人との出会いによって変わり、劇的に成長していきます。

自分を成長させたいのなら、自分を引き上げてくれる人と出会い、その人と信頼関係を築き、相手にとって「特別な人」になる必要があります。

私も含めて、本書を手に取っているあなたもおそらく「凡人」です。**自分が凡人であることを受け入れて、ありのままの人間としての魅力を高めていくことが、相手と特別な関係を築くための近道です。**

自分を高め、他人との関係を強化し、人生をワンランクもツーランクも上に引き上げるための具体的な方法を、本書では順を追ってお伝えしていきます。

まずは準備編として、同性・異性にかかわらず人に好かれるための前段階として、見た目や言葉を整えるポイントを説明します。

なかでも最初にお伝えしたいのは、第一印象の重要性です。

人は誰かに出会ったとき、第一印象がよかった場合ほど、その印象が後々まで心に強く残るといわれています。**これを心理学用語で「初頭効果」といいます。**反対に第一印象が悪いと、記憶に残りにくくなります。**相手にとって特別な人になるためには、第一印象をよくして、相手の記憶に残りやすくすることが大切なのです。**

第一印象の判断は瞬間的に行われます。出会って1~7秒の間で判断しているという実験結果もあります。私たちはその数秒の間に、過去の記憶にしまってあるデータをもとに、「この人は信頼できそう」「この人とは気が合わなさそう」などと直感的に分析しています。

第一印象と中身のギャップで相手の興味を引く方法もありますが、やや上級者向けといえます。最初からいい印象を与えてイメージ付けしておくほうが、円滑な人間関係を築くには得策です。

第一印象には、髪型や服装、体形、容姿などの「見た目」の印象と、挨拶を交わしたときの声のトーン、身振り、表情などがあります。

なかでも重要なのは「見た目」です。

アメリカのプリンストン大で行われた「見た目」に関する非常に興味深い研究があります。

大学生のグループに対し、選挙（上院選と知事選）の候補者が写った2枚1組の写真を数組見せ、「どちらの人が優秀そうに見えるか」を一瞬で判断してもらうというものです。

学生たちには実験の目的や詳しい内容は教えていません。また、写真で判断してもらう人物は、学生たちにとって初めて見る人物だけに絞りました。

研究の結果はどうだったでしょうか。2週間後に行われた選挙では、上院選で72・4％、知事選で69％の割合で、学生たちが「優秀そう」と直観的に判断した候補者が当選しました。

これは選挙において、公約や演説内容などよりも「見た目」の印象が重要ということを示しているといえます。

「見た目」が勝利を大きく左右した例として有名なのが、1960年に行われた米大統領選挙です。

選挙戦では、若くて経験の浅い民主党J・F・ケネディ候補が、政治家として圧倒的にキャリアのある共和党リチャード・ニクソン候補を追いかける構図となっていました。選挙戦を決定づけたのは、テレビ中継された1回目の討論会です。

当時まだ白黒だったテレビに映った両者の印象は、まるで正反対だったのです。ニクソン候補は、背景と同化してしまうグレーのスーツを着て、顔にはうっすらと無精ヒゲが生え、疲れた表情。体調が悪かったせいか、背筋は曲がり、終始落ち着かない様子でした。

それに対してケネディ候補は、白黒テレビでも背景に沈まない濃紺のスーツに、はっきりとした色のストライプのネクタイを着用。テレビ映りを意識して顔には念入りにメイクを施し、表情は堂々としていて、終始リラックスした様子でした。

この違いが有権者に強力なイメージを植え付け、結果、大統領選は「力強いリーダー」との印象を残したケネディ候補の圧勝につながったわけです。この選挙をきっかけに、選挙戦におけるイメージコンサルティングの重要性が強く意識されるようになったといわれています。

人は55%の情報を見た目から得る

見た目、つまり視覚情報の重要性を示す有名な法則として、「メラビアンの法則」があります。心理学者アルバート・メラビアンが1970年代初頭に発表し、世界的に知られるようなりました。

メラビアンは、話し手が聞き手に対して矛盾する2つの情報を与えたときに、「言語」「視覚」「聴覚」の3つの情報のうち、どの情報から最も影響を受けやすいかという実験を行いました。

たとえば話し手が、言葉では「好意」を抱かせるようなことと言いつつ、目を合わせなかったり、浮かない表情をしたりと、「嫌悪」を抱かせるような態度をとるとします。

この場合聞き手は、コミュニケーションにおいて優勢な要素を、相手からのメッセージとして受け取ります。つまり、態度に表れる視覚情報を優先して受け取り、「この相手は自分に対して嫌悪を抱いているな」という印象を抱くということです。

この実験の結果、聞き手は、

・言語情報（言葉で表現される話の内容など）……7％
・視覚情報（外見・表情・しぐさ・視線など）……55％
・聴覚情報（声の質・話す速さ・声の大きさ・口調など）……38％

という割合で、話し手からのメッセージを受け取ることがわかりました。

つまり私たちは、自分たちが思っている以上に、見た目やしぐさから得られる情報を重視して、相手の印象を決めたり本心を推測したりしているのです。

「何を言ったか」よりも「どう言ったか」「誰が言ったか」が大事になってくるということですね。

ということは、**あなたが外見に気を配り、第一印象でいいイメージを与えることができれば、相手からの信頼を勝ち取ることができ、人間関係がよくなっていくということ。**だからこそ「見た目」に気を配ることが重要になるわけです。

自分の外側に表出されるのは過去のデータ

人が意識的・無意識的に行っているあらゆる決定は、その人の心理を表しているといえます。

「何を話しているか」という言葉情報はもちろん、表情、しぐさ、歩き方、服装、髪型に至るまで、すべてのアウトプットにはその人の心理が表れているのです。

その心理のベースとなっているのは、過去のデータ、つまり記憶です。過去に体験・行動した記憶から感情が生まれて、その感情に従って行動した結果が表面に出ているといえます。

たとえば、「人と同じはイヤ。オンリーワンな自分でいたい」という願望を持っている人は、奇抜なファッションを好んで着る傾向があります。反対に、目立つことを嫌い、真面目な考え方をする人は、地味なファッションを好む傾向があります。

しぐさでいえば、仕事がうまくいかず、悩みを抱えている営業マンは、うつむいて、浮かない表情をして、とぼとぼと歩いていることが多いのではないでしょうか。

その反対に、営業成績が絶好調で、やることなすことすべてがうまくいっている営業マンは、自信に満ちあふれた表情やジェスチャー、はつらつとした歩き方をしているはずです。

外見は内面とは別のものではなく、内面の一部といえるのです。

これはよく言われることですが、アメリカでは、太ったビジネスマンは出世できないというのが常識だそうです。太っていることは、すなわち自己管理ができていない証拠であり、ビジネスマンとして管理能力がない、と周囲に判断されてしまうからです。

ですから多くのビジネスエリートは、せっせとジムに行って、スマートな体形を維持しています。体形と同様に、歯並びを美しくすることも常識といわれます。日本のビジネスシーンでは、外見に対してそこまで厳しい視線が向けられることはないかもしれません。とはいえ、外見でいい印象を与えたほうが得であることは確かです。

優れた内面を持っている人と思ってもらうためにも、外見への気配りは欠かせないのです。

外見を変えれば内面も変わる

すべてのアウトプットの元となっている過去の記憶は、すでに起こってしまったことなので、変えることはできません。また、生まれ持った容姿を変えることも、美容整形手術以外ではできません。

しかし、服装や髪型、メガネ、持ち物などの外見はすぐに変えられます。しぐさや表情も、意識することでコントロールできます。

たとえば、腕組みをしたり、握りこぶしを握ったり、足を組んだりするしぐさは「クローズド・ポジション」といわれ、相手に対する警戒や緊張感の表れとされます。ビジネスの相手を前にこのようなしぐさをしていると、いい印象を持ってもらうことができません。

反対に、腕を広げたり、手のひらを見せたり、口を開くといったしぐさは「オープン・ポジション」といわれ、相手に心を開いているサインです。仲良くなりたい相手に対しては、あえてオープン・ポジションを取ることで、信頼感を得ることが可能になります。

また、普段よれよれのスーツを着ていた人が、ビシッとしたスーツに身を包めば、それだけで信頼感がアップします。

ふだん自分の見た目にあまり気を使わなかった人が、外見をきちんとマネジメントすれば、人から良いイメージを抱いてもらったり、人から評価されるようになったりと、いい効果が生まれるのです。

信頼されていると感じられれば、自分に自信が持てるようになります。すると、ビジネスでのコミュニケーションが円滑に進むようになり、営業成績や上司からの評価なども上がるはずです。

すぐに変えられる外見で印象アップが期待できるわけですから、外見の変化にお金をかけることは、非常に費用対効果の高い投資といえるでしょう。**未来を変えたいなら、まず外見を変えることが、手っ取り早い方法なのです。**

Point

人は初めて会った相手を第一印象で評価する。服装や表情、しぐさなどが与える印象に最大限に気を配ろう。

凡人の人生が劇的に変わる出会いの技術2

外見は相手のためにある
まずは自分に合った服装・色を知ろう

「自分の好きな服を着る」は間違い

あなたは洋服を買うとき、どのような基準で選んでいるでしょうか。「当然、自分の好み（好き嫌い）で選んでいる」という人も多いでしょう。

普段着はそれでも構いませんが、ビジネスシーンにおいてその考え方はやめたほうがいいでしょう。なぜなら、「自分の好きなものを着る」という考え方は、自己本位な考え方であるからです。

「笑顔はあなたのためじゃなく、相手のためにある」という言葉があります。

自分の表情は、鏡でも使わない限り自分自身では見ることができませんし、いつも鏡を見ているわけにもいきません。一日の中で、自分の表情を自分が見ている時間は、ほとんどないのです。**しかし、あなたとコミュニケーションをしている相手は、あなたの表情を常に見ています。**

そして、人は素敵な笑顔で接してくれる相手に対して、「あの人はいつも明るい」「一緒にいると元気が出る」と好印象を抱きます。いつも笑顔でコミュニケーションをすることは、相手に喜んでもらうための、相手本位に立った行動といえるのです。

服装などもこれと同じです。自分が洋服を着ている姿は、朝、姿見に映して見ることはできても、日中はなかなか見る機会がありませんよね。**あなたの服装を長時間見ることになるのは、あなたではなく、あなたと会う相手です。**

であれば、相手に不快感を与えないことはもちろん、信頼感や安心感を抱いてもらうために、相手に喜んでもらえるような選択をすることが大事になってきます。

たとえば、事業で必要なお金を借りるために、銀行にジーパンとTシャツ、ビーチサンダルという格好で行ったらどうでしょうか。いくらいいビジネスプランがあったとしても、銀行は検討のテーブルにさえ乗せてくれないかもしれません。そのような格好は、相手に対する敬意や配慮といったものを感じさせないからです。他人に配慮することのできないビジネスマンにお金を貸したいと思う銀行はいないでしょう。

相手の気持ちに寄り添って、相手が何を求めているかを考えれば、どんな服装が適しているかが自ずとわかるはず。好きな服はプライベートで着ればいいんです。**ビジネスの場では、相手の立場に立って自分の服装を選ぶことが大切です。**

外見を変えて、昨年対比300%アップさせた営業マン

私が一緒にお仕事をしている美容ディーラーの営業の方で、私がコーチとなってアドバイスをした結果、売上で対昨年比300%アップを実現した人がいます。

その彼には内面・外見の両面でアドバイスをしたのですが、最初に効果が現れたのは外見の変化によるものでした。彼は、以前までは地味な……というか、はっきり言ってしまえばかなり野暮ったい、紺やグレーのスーツを着て営業に行っていました。

落ち着いた色のスーツを着用することは会社の文化でもありました。「お客様先に行くときはきちんとした格好で行くこと」という考え方が暗黙の了解のように浸透していたのです。

しかし、彼の会社は美容ディーラーであり、営業先は美容室。商談相手は美容室の経営者やスタイリストです。つまり、ファッションやヘアスタイルなどの流行に敏感な、「見た目」をつくるプロたちです。そんなプロたちと信頼関係を構築するのに、野暮ったい服装でいいはずがない、と私は考えました。そこで、地味なスーツをジャケパンスタイルに変え、髪型を変え、メガネやカバンなどの小物を使って個性を主張するといった方法で、見た目の大改革を行いました。

本人は当初、「会社のなかで浮いてしまうのではないか」と言っていましたが、そんな心配は杞憂に終わりました。会社の同僚からは「その服装のほうがいいよ!」と好評だったのです。さらに営業先のお客様からも「いいね!」と褒められ、「その格好なら表から入っていいよ」と言われるようになりました。服装をチェンジする前は、彼の格好がダサいので「裏から入ってきてよ」と言われていたんですね。

ファッションを変えたことで、このようないい成果がすぐに現れ、それが顧客と信頼関係を深めることになりました。ファッションだけではなくメンタル面も含めた総合的なコンサルティングを行いましたが、いちばん手っ取り早く効果が出たのはファッションだったといえます。相手に合わせたファッションをすることの重要性が、この事例からおわかりになるかと思います。

髪型、メガネ、服装、カバン、靴、爪など「外見」を変えてみよう

第一印象で相手にいいイメージを持ってもらうために、外見を見直すことが効果的。といっても、特別なことをする必要はありません。まず第一段階としては、最低限の要素として、「清潔感」のある外見を心がけましょう。

大きな鏡の前に立って自分を見て、左ページのチェックシートのようなマイナスポイントがないかを確認してください。

こうしたマイナスポイントを改善するだけでも、減点されるリスクを防ぐことができます。このリストにひとつでも当てはまることがあったら、すぐに改善しましょう。

また、あまり気にしない人が多いものの、実は非常に重要なポイントなのがサイズ感です。

サイズ感はジャストフィットが基本。特に、ビジネスシーンで基本となるシンプルな服装においては、サイズ感の違いが見た目の印象を大きく左右します。

「着ていて楽だから」「太めの体形を隠したいから」と、大きめのサイズを着てしま

■マイナスポイントのチェックシート

- □体臭がする
- □口が臭い
- □フケが頭や肩に落ちている
- □汗と油で光っている
- □にきびや乾燥ガサガサなどの肌トラブルがある
- □毛穴が黒ずんで開ききっている
- □ヒゲをこまめに剃っていない
- □鼻毛が出ている
- □唇が乾燥でガサガサしている
- □歯がなんとなく黄色い
- □耳掃除をあまりしない
- □爪が伸びている
- □太りすぎや痩せすぎでだらしない体形
- □服にシワがある
- □襟元が黄ばんでいる
- □ヨレヨレになった服を着る
- □靴がぼろぼろで汚い
- □あまりにも流行遅れの服
- □アクセサリーをジャラジャラつけすぎ

うと、だらしない印象を与えてしまいます。

また逆に、着丈の短い服や、ピチピチサイズのものを選んでしまうと、体のラインが強調されてしまい、頼りなくみっともない印象を与えてしまいます。

自分の体形にフィットしたサイズの服を着ていれば、それだけで見た目の印象はアップします。洋服を選ぶときは、必ず試着をしたうえで、ショップの店員さんにアドバイスを求めるなどして、ジャストサイズのものを選ぶようにしましょう。

太っている、痩せているなどで、自分の体形にジャストフィットする服がない場合は、セミオーダーのスーツを利用するのもひとつの手です。

昨今では、ユニクロなどでもサイズを細かく調整できるセミオーダーメイドのスーツやシャツを提供しています。スーツ上下とシャツをそろえても、3～4万円程度と低価格です。積極的に利用するといいでしょう。

オシャレに自信がなければコーチに頼る

「どんなファッションを選べばいいのかわからない」という人は、コーチをつけるのが最も簡単で効果的な方法です。

前述した大統領選挙のようなケースだけでなく、一流のビジネスパーソンの多くはファッションアドバイザーやイメージコンサルタントをつけて、外見に対するアドバイスを受けています。

もちろんそれなりの料金はかかりますが、自分に合ったファッションをプロの視点でトータルコーディネートしてくれて、イメージアップという大きな効果が得られるので、費用対効果の高いサービスといえるでしょう。

専門のコンサルタントをつけるほどコストをかけられない場合は、ショップの店員さんをうまく利用するのがいいと思います。自分が仲良くなりたい相手、憧れている人などのファッションの方向性と合致したショップを選び、その店にいる店員をつかまえて、上から下までトータルでコーディネートしてもらうのです。

あるいは、ショップ店員が着ているコーディネートをそのままマネて購入してしまうのもひとつの手です。ショップ店員が着ている服は、そのアパレルブランドが推している最新のコーディネートですから、そのまま買っておけば間違いないといえます。

その時に気をつけたいのは、自分のこだわりを入れないこと。

そもそもファッションに対して自信がないから、ショップ店員にアドバイスを求めているわけです。ファッション初級者が変に自分のこだわりを入れたりアレンジを加えたりしてしまうと、コーディネートが台無しになります。アレンジせずにそのまま受け入れてください。

店員さんに聞くのもハードルが高いという人は、せめてパートナーや配偶者の意見を聞くようにしましょう。**特に男性は女性の意見を聞くべきです。**女性がOKを出してくれるファッションなら、たいていの場合はマイナス点はないと判断していいでしょう。この場合も、相手のアドバイスに反発したりせず、素直に聞き入れることが大切です。

髪型についても同じ。自分なりのこだわりがあり、自分では「似合っている」と思う髪型にしているとしても、それで仕事や人間関係がうまくいっていないのであれば、思い切って変えてみるチャレンジが必要です。

髪型を変えるときもファッションと同じように、プロの意見を参考にしてください。私も髪型に関しては、プロに全面的に任せています。いつも同じ美容師さんに「あなたが格好いいと思うスタイルにしてください」と言って切ってもらっています。

かつては雑誌などで調べて、いろいろな髪型を試していましたが、全面的にお任せしてからのほうが、女性受けは断然よくなりました。**自分が似合うと思う髪型と、他人から見ていい印象を抱かせる髪型は違うのです。**

ゴレンジャー理論で自分の「コア」に合わせたスタイルを選ぶ

人はそれぞれ、異なる素質や才能を持っています。自分の素質をきちんと理解し、その強みをファッションやしぐさはもちろん、人との会話などコミュニケーションのなかで発揮することで、最大限の結果を生み出すことができるようになります。

私は認知心理学を応用して、人が持つ素質を5つのタイプに分類する独自のタイプ別診断「コアプロファイリング」を考案しました。

簡単な質問に答えていくだけで、人のタイプを大きく、赤、青、黄、緑、ピンクの5つに分けることができます。**5色ですから、「ゴレンジャー理論」です。**

診断の結果、それぞれの色に該当した素質（特徴）が、あなたが本来、可能性を発揮できる素質ということです。

たとえばアカレンジャーの人は、外交的で合理的、負けず嫌い、情熱的、行動的といった素質を持ちます。

これはＳＭＡＰでいえばキムタク（木村拓哉さん）タイプ。格好良くてリーダーシップがある人です。ですからアカレンジャータイプの人は、服装も髪型も格好良さを強調するようなスタイルにしたほうがいい。そうすることで、自分の素質を最大限に発揮し、相手にいい印象を与えることができます。

しかし間違ってかわいい感じのファッションをしたりすると、頼りないイメージが強調されて伝わってしまい、大失敗します。

また、アカレンジャーの人は普段はあまり笑顔を見せず、クールに装った方が好印象を保てます。アカレンジャータイプの人が必要以上にニコニコしていると、なんとなくちぐはぐな雰囲気がしてしまい、見ている方も落ち着きません。そしていざという時に笑顔を見せると、普段とのギャップでいい印象が与えられます。

このように、自分の素質・特徴を理解して、自分のイメージを印象付けるようなコミュニケーションをとっていくことが大事なのです。それぞれのタイプと素質・特徴は以下の通りです。

〈アカレンジャー〉外交的、合理的、情熱、行動力、生命力、元気、活気、勇気、興奮
〈アオレンジャー〉内向的、合理的、理性的、誠実、堅実さ、冷静さ、涼しさ、本質
〈モモレンジャー〉外交的、楽観的、美しさ、優しさ、自己愛、円満、甘え
〈キレンジャー〉内向的、楽観的、明るさ、楽しさ、希望、健康的、楽天的、軽さ
〈ミドレンジャー〉内向的・外交的・合理的・楽観的の中間、バランス、平等、安全、我慢強さ、リラックス、若さ

それぞれのタイプの名称と、似合う色も一致しています。つまり、アカレンジャー

の人は赤が似合うし、アオレンジャーの人は青が似合う、という具合です。ファッションのワンポイントを決める際に参考にするとよいでしょう。

あなたがどのレンジャーに該当するかを診断できる「コアプロファイリング無料診断テスト」を用意しました。ぜひ下記のURLかQRコードからWebサイトにアクセスして、テストを受けてみてください。

本来のコアプロファイリングは、もっと多数の質問と、記述式の質問、筆跡鑑定も組み合わせて詳細な分析をするものですが、この無料診断の場合は、25の質問に答えていくだけで簡単にあなたのタイプを診断できます。その日の気分やテンションによって結果が変わってきてしまうこともありますが、それでもおおまかな傾向はわかります。

Point

服装やしぐさは自分ではなく相手のためのもの。相手の立場に立った「見た目」にすれば仕事の成果は上がる。

コアプロファイリング無料診断テスト
http://www.zero-promotion.com/corepro/shindan/

凡人の人生が劇的に変わる出会いの技術3

一緒にいて気持ちのいい人になるための会話のテクニック

人に好かれる言葉とは?

職場でこんなことはないでしょうか。同じ雑用を頼まれるとしても、Aさんから頼まれたら快く引き受けるけれど、Bさんから頼まれたときには「ちょっと面倒くさいな」と思ってしまう。

あるいは、Aさんから飲み会に誘われたらうれしいけれど、Bさんから誘われたら、なんとか断る口実を探してしまう。

はたまた、同じように厳しく指摘されるにしても、Aさんから言われたら愛のムチと思うけど、Bさんから言われたらパワハラかと思う。

このように、同じコミュニケーションであっても人によって受け止め方に違いが生じるのはなぜでしょうか。**その理由は、「ラポール」にあります。**

ラポールとは心理学用語で、「この人は信頼できる」「この人の言うことなら受け入れる」「この人が言うのなら信じられる」という関係のこと。ひと言でいえば信頼関係ですね。

ラポールを築くことができている相手は、自分にとって特別な人であり、一緒にいて気持ちいい人。そんな人から好意を示してもらえばうれしいし、厳しい指摘をされたとしても感謝して受け止めることができるのです。

したがって、人生が劇的に変わるような人間関係を築きたいなら、自分が特別な関係を築きたい相手との間にラポールを築く必要があります。ラポールを築くことで、相手にとってもあなたが「特別な人」と認識してもらうことができるのです。

ではどうすればラポールを築くことができるのか。それにはいろいろな方法があるのですが、**ひとつは、話を聞くことです。**

あなたは、あなたの話をよく聞いてくれる人と、あなたの話を聞かずに自分のことばかりしている人の、どちらと一緒にいたほうが気持ちいいでしょうか。当然、前者ですよね。

人には、自分の話を聞いてもらいたいという欲求があり、話を聞いてくれる人に心を開くからです。

であれば、人に好かれるためには、人の話をどんどん引き出すようなワードを使うべきです。

「なんで？　どうして？」
「それってどういうこと？」
「それからどうしたの？」
「もっと教えて！」

このような言葉を使うことで、相手は気持ちよくなってどんどん話をしてしまいます。人に好かれる言葉＝人の話を引き出すような言葉を積極的に使っていきましょう（ただし、自己本位で相手にどんどん質問していくのは逆効果。後述しますが、相手の立場になって、相手本位で話を聞く姿勢が大切です）。

空気を悪くする言葉は使わない

人に好かれる言葉とは反対に、人に嫌われる言葉というものもあります。不平不満、愚痴などです。

職場の同僚同士のような親しい間柄ならともかく、顧客や取引先などの関係においては、そんなネガティブな言葉を発する人はいないと思われるかもしれませんが、私の実感としては「意外といる」と思っています。

たとえば何かのセールスに来た営業マンが、「うちの会社って上司からの締め付けが厳しいんですよ」とか「毎日遅くまで残業なんです」などと話してくるケースがあります。

あけすけに打ち明けることで親しみを持ってもらおうという作戦なのかもしれませんが、話を聞いているこちらとしては、どんな顔をしていいのか困ってしまいます。そして、そのようなセールスマンからは何も買いたくないと思ってしまいます。

むしろ逆に、「うちの会社って本当に最高なんです」「自分で言うのもなんですが、いい製品なんですよ」などと話してくれたほうが、よほど好感が持てます。

不平不満や愚痴、嫉妬、悪口、批判、「最悪だ」「無理だ」「疲れた」「ついていない」

「ダメだ」などのネガティブワードをふだんから口にしていると、それは自分に返ってきます。**自分の言葉で自分に暗示をかけてしまうことになるからです。**

逆に「自分はついている」「自分はすごい」「恵まれている」「必ずうまくいく」など、ポジティブでプラスな言葉を使うようにすると、それが自分の潜在意識に働き掛けて、人生を好転させることになります。**ですから、ふだんから積極的にポジティブワードを使っていきましょう。**

マウントを取ってもしょうがない。負けたほうが得

ネガティブワードだけでなく自慢話も人間関係を悪くする原因なので、やめたほうがいいですね。

私がたまに遭遇するのは、自慢話をしてマウントを取ろうとする人。私は認知心理学をベースに企業コンサルや個人コーチなどを行っていますが、心理学を学んだことのある人というのは、実は世の中にたくさんいます。

そういった人たちと名刺交換したときに、「ああ、心理学やっていたんですか?」「私も○○大学で学びましたよ」「心理カウンセラーとして10年やっていまして」などと、

暗に自分のほうが実績があるぞと意思表示してくる人が結構います。

かつては私もそれに対抗して、「心理学の専門家としてこんなテレビに出ています」「こんな本を出しているんですよ」などと言っていたのですが、今ではやめました。なぜって、そんなふうにマウントを取り合ってもむなしいだけですから。自慢し合って、最終的に「勝った」と思えたとしても、いい気分になるのはその瞬間だけで、相手との関係性は終わってしまいます。

そこで今では反対に、相手の話をよく聞き、「すごいですね」「いろいろ教えてくださいよ」と相手を乗せて、勝たせてあげます。そのほうが人間関係はうまくいき、後でビジネスにつながるなど、結局は得になることが多いのです。

人間関係において、勝つことにこだわる必要はありません。むしろ負けたほうが得をすることが多いと私は思っています。

ラポールを築くためのキャリブレーション①「観察」

相手とラポールを築くために有効な手法が「キャリブレーション」です。キャリブレーションとは心理学用語で、相手の顔色や表情などの言葉以外の信号を観察することで、その心の状態を認識する技術のことをいいます。

コミュニケーションのなかにキャリブレーションを取り入れることで、相手とラポールを形成し、信頼感を獲得することができます。

キャリブレーションを行うには3つのステップがあります。**「観察」「理解」「同調」です。**ひとつずつ説明していきましょう。


まずは**「観察」**です。これは相手を徹底的に見つめ、分析すること。

観察する対象は、表情、目線や唇の動き、声のトーン、話すスピード、身振り手振りなど。これらを観察することで、相手の本音を見抜くことができます。

脳が呼吸をコントロールできないのと同様に、反射的に感じてしまう喜びや怒りなどの感情は、無意識のうちに表情やしぐさに表れてしまいます。

たとえば、口元。口の周りには口輪筋《こうりんきん》があり、表情をつくるうえで重要な働きをしています。否定的な感情のときにはこの口輪筋が締まる動きをします。したがって口元が硬くなっているときは、あなたに対して否定的な感情を抱いている証拠といえます。逆に口元が緩んでいるときは、ポジティブな感情を抱いているサインです。

また、笑顔も観察することで相手の真意を探れます。本当に楽しいときの笑顔は、上まぶたが下に下がり、頬の筋肉が目の近くまで上がり、目尻にシワが寄る状態になります。逆に作り笑顔のときは、頬の筋肉は上がってはいるものの、上がり幅が少ないため、目尻にシワが寄りません。

手にはリラックス度が表れます。あなたと話しているときに、テーブルの上に手が乗っていて、その手が開いており、手のひらが時折こちらに見えるようであれば、リラックスしている証拠です。あなたのことを信頼している証拠といえます。

反対に手がテーブルの下に隠れていたり、手のひらを見せない状態だったり、あるいは腕を組んでいたりするのなら、警戒している証拠です。その人はコミュニケーションに緊張し、自分を隠したいと考えていることがわかります。

また、「セルフタッチ」といって、自分で自分の顔や頭を触るような行動をしている人は、緊張しています。人は緊張した時や不安を感じた時に、自分の身体に触れて精神を落ち着かせようとする傾向があるからです。

ただし反対に、リラックスしているときにもセルフタッチは増えます。その場合は、触るとしても動きが少ないのが特徴です。緊張している時はあちこちとせわしなく触るので、よく観察すればその違いはわかります。

■口元

●口元が硬い
➡否定的な感情をもっている

●口元が緩い
➡肯定的な感情をもっている

■笑顔

●頬の筋肉の上り幅が少ない
●目じりにシワが寄らない
➡作り笑い

●上瞼が下に下がる
●頬の筋肉が目の近くまで上がる
●目じりにシワが寄る
➡本当に楽しい

■手

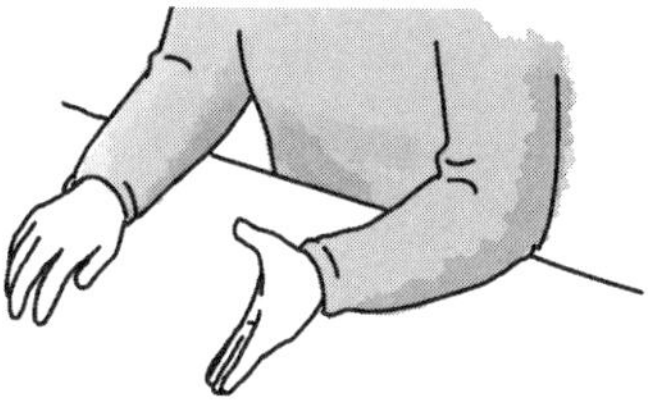

●テーブルの上に手が乗っている
●手が開かれている
●手のひらがこちらに開いている
➡リラックスしている

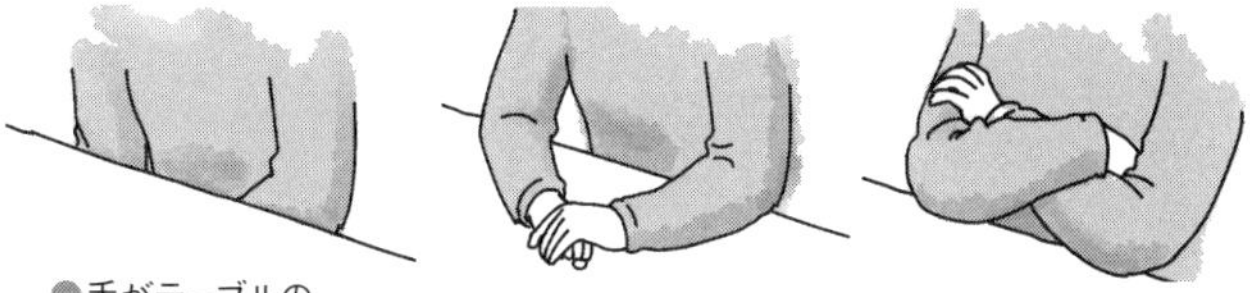

●手がテーブルの下に隠れている
●手のひらを見せない
●腕を組んでいる
警戒している

観察する対象は、表情やしぐさだけではありません。相手の持ち物や服装、こちらの働き掛けに対する反応などからもわかることがあります。

観察する際は、「ただ見ているだけ」にならないよう、相手にフォーカスするという意識を持つことが重要です。

しっかりと相手の表情やしぐさ、持ち物や服装、こちらに対する反応などを観察することは、コミュニケーションの基本中の基本と言っていいでしょう。

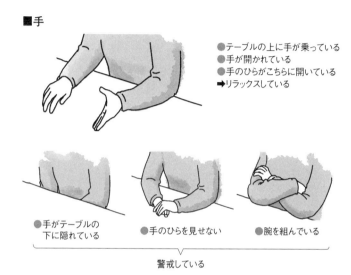

ラポールを築くためのキャリブレーション②「理解」

観察したら次は、観察したことに対して「共感」を示します。

人は、共感を示してくれる相手に対して心を開くもの。共感とは、「わかる！」「そうそう」「私もそう思う」という感情を示すことです。同じ趣味を持っていたり、地元が同じだったりする相手には共感を示しやすいでしょう。

しかし、仲良くしたいと思っている人の言動のすべてに対して、共感できるかといえば、そうとは限りませんよね。自分の過去のデータにない事柄については、共感しづらいからです。

たとえばあなたが釣りをやったことがあるなら、釣り好きの人の話には共感できるでしょう。しかし、自分に釣りの経験がまったくなかったらどうでしょうか。釣り好きの人から、釣りの魅力を詳しく聞いたところで、共感はしづらいでしょう。

では、そんな人とは仲良くなれないのかといえば、そうではありません。**「共感」はできなくても、「理解」すればいいからです。**

理解とは、相手に関心を寄せ、自分の中にない感覚や感情を取り込むことです。

「私は釣りはやらないけれど、あなたは釣りが好きなんだ。なるほどね」

「釣りってどんなところが楽しいの？」
「どんな釣りをするんですか？」
「それってどういう意味ですか？」
などと関心を示し、情報を取り入れようとする姿勢を示すことが大事です。そうすれば、相手は気持ちよくなってどんどん話をするようになります。その結果、ラポールが構築され、信頼関係が生まれるということです。

別の例を挙げてみましょう。あなたがタクシーに乗ったとします。急いでいたので、運転手さんに対して少し高めのテンションで「急ぎめでお願いしてもいいですか？」と伝えました。

これに対して運転手さんが、とても落ち着いた口調で、「わかりました。安全運転でまいります」と言ってきたらどうでしょうか。自分の言ったことが伝わっていないのかと、イラッとしますよね。

反対に、運転手さんも自分と同じようなテンションで「わかりました！　なるべく急ぎます。シートベルトをちゃんとしてくださいね！」と言ってくれたら、うれしいですよね。

運転手さんはあなたに「共感」はしていませんが、「理解」してはくれました。その瞬間に、あなたと運転手さんの間にラポールが築けたということです。

相手と信頼関係を築きたいなら、「共感」はできなくても「理解」するように心がけることが大切なのです。

ラポールを築くためのキャリブレーション③「同調」

3つ目のステップが「同調」です。同調とは相手の意見や行動に合わせることを意味します。

人は、好意を持っている相手に対して、無意識に同調行動を取っていることがあります。いつの間にか、しぐさや言葉づかいなどをマネしていることがあるのです。

人は自分と似ている人に心を開きます。**コミュニケーションのなかで同調を意識的に行うことで、相手に「この人は自分と似ている」「親近感が湧く」と錯覚させることができます。**

同調のテクニックをいくつかご紹介します。

・ミラーリング

ミラーリングとは、鏡写しのように相手の言葉やしぐさをマネするテクニックです。相手がうなずいていたら、自分もうなずく。相手が腕を組んだら、自分も腕を組む。相手がコーヒーを一口飲んだら、自分も同じように一口飲む。このように行動をマッチさせていくことで、相手に対して「この人は自分と似ている」という感覚を抱かせることができます。

注意したいのは、相手に悟られないようにさりげなくやるということです。マネしているのがバレてしまうと、不自然な行動と思われてしまい逆効果です。

・ペーシング

ペーシングとは、声の大きさやスピード、呼吸などを相手のペースに合わせること。もし、あなたはゆっくりと落ち着いて話しているのに、相手が早口かつ高いテンションで話してきたらどうでしょうか。相手もあなたも違和感を覚え、ストレスに感じるはずです。

しかしお互いに会話のペースが合っていれば、お互いに居心地がよくなります。それがペーシングの効果です。

ペーシングをする際に大事なことは、相手にフォーカスをしてよく観察しながら、相手の話すスピードやテンションにあなたも合わせていくことです。

・バーバルチューニング

バーバルチューニングは、口グセをマネることです。本人は意識していなくても、口グセというのはあるものです。これをマネていくというのも効果的です。ただし、これもやはり相手に気づかれないように、さりげなくやる必要があります。

キャリブレーションの方法として、「観察」「理解」「同調」の3ステップを説明してきました。**この「観察」「理解」「同調」を繰り返し実践していくことで、相手とのラポールを築きやすくなり、相手に「特別な人」と思われるようになっていきます。**

相手の話を聞くときに重要な5つのポイント

人は自分の話を聞いてくれる人に対して心を開きます。であれば、コミュニケーションにおいて重要なのは、人の話を上手に聞くことです。

聞き方には、「ask（尋ねる、質問する）」「hear（聞こえる、聞かされる）」「listen（聞こうとする、傾聴する）」がありますが、コミュニケーションをするうえで心がけたいのは、３つ目のlistenです。

相手の立場に立って、相手本位の姿勢で傾聴するということです。

具体的なポイントは、**（1）笑顔**、**（2）視線**、**（3）顎の角度**、**（4）デコルテ**、**（5）バックトラッキング**の５つがあります。

（1）笑顔

ぶすっとした仏頂面の人と、笑顔が素敵な人、どちらに好感を抱くかは一目瞭然です。魅力的な笑顔は相手に安心感を与えます。

しかし、いくら笑顔を心がけたとしても、魅力的な笑顔でなければ逆にマイナスです。引きつった笑顔、こわばった笑顔は相手に警戒させてしまうからです。

では魅力的な笑顔をどうつくっていくか。**ポイントは顔の筋肉を緩めることです。**そこで、表情筋を緩めて広角を上がりやすくするトレーニングをしましょう。これを行うことで、広角が上がって自然な笑顔がつくれるようになります。

具体的な２つの方法を次のページで図解したのでぜひ実践してください。

■タテの筋肉をほぐず「きゅ・ぱっ」の運動

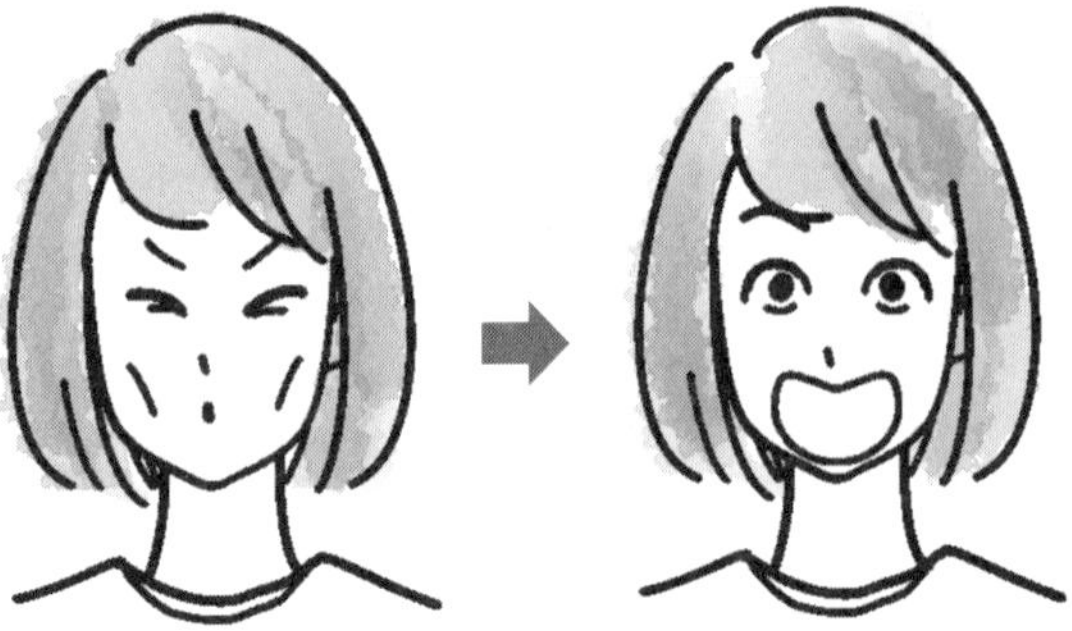

目を閉じて口をすぼめる（きゅっ）　　目と口を大きく開ける（ぱっ）

■ヨコの筋肉をほぐす「うー・いー」の運動

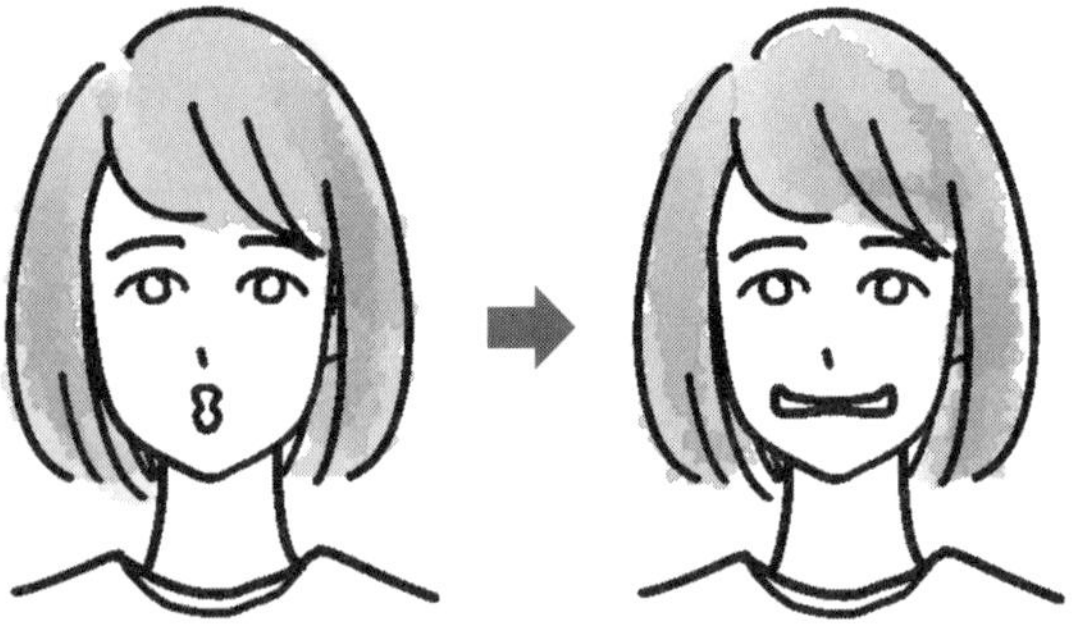

口を縦にすぼめる（うー）　　口を横に伸ばす（いー）

2つの運動をそれぞれ10回×3セット、毎日続ける

（2）視線

視線やアイコンタクトで、自分の注目していることや興味、愛情、敵意、軽蔑などさまざまな感情が伝わります。

子どもの頃よく「人の目を見て話しなさい」と言われたかもしれませんが、それは半分正しくて、半分間違い。長時間、相手の目を凝視することは、恐怖感や不信感などネガティブな感情を抱かせやすくなるからです。

かといって視線を合わせる時間が短すぎては、退屈や無関心、否定的といった印象を与えてしまいます。

ベストな時間は5秒から7秒。一目惚れをした人は、無意識に相手の目を5～7秒、目を見つめてしまうというデータに基づいています。ポイントは、いつも同じように見つめるのではなく、ここぞという大事な場面、たとえば

・相手の名前を言うとき
・自分の売りや価値を伝えたいとき
・相手を褒めるとき

などに、5～7秒、目を見つめて話すということです。

（3）顎の角度

人と話す際、顎を意識することはあまりないでしょう。でも、大事なポイントのひとつです。

顎を上げすぎると横柄な感じになるし、下げすぎると今度は卑屈な感じになります。**平行な状態に保つことで誠実さが伝わります。**

（4）デコルテ

デコルテとは胸元の部分。ここにも実は表情があります。

たとえばあなたがお店に行った時、店員さんが、顔だけをこちらに向けて「いらっしゃいませ」と言うのと、デコルテまで向けて「いらっしゃいませ」と言うのでは、どちらがいい印象を受けるでしょうか。

当然、後者ですよね。「あなたに気づいていますよ」というメッセージが伝わるからです。

そこで、テーブルを挟んで打ち合わせをする際などは、相手に対してデコルテをしっかりと向けましょう。さらにはつま先も相手と同じ方向に向けましょう。これを意識するだけで、だいぶ印象は変わってきます。

(5)バックトラッキング

バックトラッキングとは、いわゆるオウム返しのこと。相づちのテクニックのひとつです。

よく話し方をテーマにした書籍などでは、オウム返しの相づちについて「相手の言葉をそのまま復唱しましょう」と書かれていますが、これは間違い。本当に相手の言葉をそのまま復唱してしまうと、不自然で不快な印象を与えてしまいます。

たとえば、「昨日新宿の映画館でBさんと映画を見てきたんだけど、めちゃめちゃ面白かったよね」という会話があったとき、これをそのまま丸ごとバックとラッキングすると、長すぎますよね。

そこで自然にバックトラッキングをするには、できるだけ短く行います。意識するのは名詞と助詞。「へー、Bさんと」「映画ねー」。これくらいで十分です。このように短いバックトラッキングでも、相手に「聞いていますよ」「あなたの話に興味がありますよ」というメッセージがきちんと伝わります。

相づちはできるだけオーバーリアクションで

傾聴の5つのポイントに加えて意識したいのは、相づちです。

相手の言葉に反応して、驚いたり感銘を受けたり、乗ったり、ツッコんだりといった相づちを打つことで、相手はどんどん話すのが楽しくなって、さらに話してくれるようになります。効果的な相づちのポイントは、

・大きく反応（「面白い」ではなく「面白ーい！」）
・たくさんうなずく（ゆっくりと）※早いうなづきは相手をせかしている感じを与える。
・顔でリアクションする。
・受容ワード（「そうだよね」「わかる」）を使う
・否定・反論しない
・緩急をつける（同じ相づちばかりしない）

です。これを意識するようにしてください。

ちなみに、キャバクラなどのナイトワークでは、「さしすせそ」という相づちテク

ニックがよく使われます。

さ：さすがですね！
し：知らなかった！
す：すごい！
せ：センスいいですね！
そ：そうなんだ！

と、会話をつないでいくというのもの。これは仕事の場でも使えますね。

さらに、「促し相づち」というのもあります。**相手の言葉に反応するだけでなく、時折質問を入れることで、話を膨らませるテクニックです。**

相手が話したことに対して、「誰が」「いつ」「どこで」「何を」「なぜ」「どのように」の観点で質問してくと話が広がります。

たとえば「昨日、新宿の映画館でこんな映画を見て面白かったんだ」という会話があったとしたら、「どんなふうに面白かったの？」「誰と見たの？」と聞くことで、あなたが相手の話に興味を持っていることを伝えることができるのです。

承認欲求を満たす「ホットリーディング」

これから会う相手の情報を事前にリサーチして、その情報を活用して仲良くなるという方法もあります。「ホットリーディング」といいます。

どのように情報をリサーチするかというと、**手っ取り早いのはインターネットで探すことです。** 相手がツイッターやフェイスブック、インスタグラムなどのSNS、あるいはブログをやっていれば好都合。それらに目を通して、行った場所、読んでいる本、見た映画などをチェックしておきます。

事前リサーチした情報の使い方にはふたつの方法があります。**ひとつは、リサーチしたことを告げずにコミュニケーションをとる方法。**

リサーチの結果相手が野球好きだとわかったら、実際に会ったときに、「実は私、毎週日曜日に草野球をやっていましてね」という話題をさりげなく持ちかけます。すると、当然相手は「偶然ですね。私も野球が好きなんです」と興味を示してくれます。

そして、「この人は私と趣味が似ている」「共感できる人かもしれない」と親近感を持ってもらえます。

一方、リサーチしたことを事前に告げてコミュニケーションをとる方法もあります。

たとえば、事前のＳＮＳなどで見た情報に基づいて、「ブログ見ました。あの本読まれたんですね。面白かったですか？」「ツイッターで書いていたあのコメント、納得しました」などと話題を振るわけです。

そうすると、相手は喜んで話してくれます。こういった話題の振り方をして、「わざわざ調べたんですか？」などと嫌がる人はいません。そもそも人に見てほしくてＳＮＳに情報を上げているからです。

ホットリーディングに使う情報は、何もネットのなかだけに落ちているわけではありません。**リアルの場でリサーチすることも可能です。**

たとえば、以前した話をきちんと覚えておくこともホットリーディングのひとつといえます。その話を聞いた後だいぶ時間がたってから、「そういえばこの前言っていた先輩社員の問題、解決した？」などと聞くわけです。すると相手は、「そんなことまで気にかけていてくれたの？」とうれしくなります。

また、相手の持ち物も貴重な情報のひとつです。持ち物を観察して、次に会ったときにその話題を振るという方法もありますが、もっと効果的なのは、自分も同じものを用意しておくことです。

そしてさりげなく相手の前で出せば、「あ！　そのペン、私と同じですよ。偶然ですね」というふうに話のネタになります。

このように、相手と自分にとって共通のネタをストックしておき、いざというときに使うホットリーディングは、相手に共感を抱かせ、「承認欲求」を満たすことになります。承認欲求とは、「人に認められたい」という気持ちのこと。

人は誰もが承認欲求を持っており、承認欲求を満たしてくれる人に対して、信頼を寄せていくようになるからです。

「名前」は相手にとって重要なキーワード

カクテルパーティー効果という心理現象を聞いたことがあるでしょうか。大勢の人が雑談しざわついているパーティー会場にいても、自分にとって関係があったり興味があるキーワードを誰かが口にしたら、自然と耳に入ってくるという現象です。

誰にとっても特別で重要なキーワードは「自分の名前」です。

たとえばテレビを見ながら家事をしていて、テレビの音声はほとんど耳に入ってきていないのに、自分の名前が出てきたら、「ん？」と気になって目を向けてしまいます。

それくらい、名前というのは本人にとって重要な言葉といえます。本人は意識していなくても、自分の名前を無意識で好む傾向があるとも言われています。**そんな重要キーワードである名前を効果的に使うことで、人間関係の構築をスムーズにすることが可能です。**たとえばシンプルな方法としては、会話のなかに相手の名前を頻繁に入れます。

「斉藤さん、ありがとうございました！」「ところで斉藤くん、この〇〇だけど」などと、会話のなかにさりげなく名前を入れると、相手は、「この人は自分に好意を持っている」と感じます。

そして「好意の返報性」（何かをしてもらったら、お返ししたくなる心理）で、相手も自分の名前を積極的に呼んでくれるようになります。

名字ではなく、下の名前を呼べば、さらに特別な関係になれます。

「僕の名前の恵一には、こんな由来があるんですよ。あなたの〇〇という名前にはどんな由来があるんですか？」と聞きます。そして返ってきた答えに対して、「そうですか、素敵ですね」「僕の初恋の人と一緒の名前です（笑）」などと感想を伝えます。

そこから下の名前を呼んであげるようにすると、一気に相手との距離が縮まります。

ただ下の名前を呼び合うというのは、恋人同士でもない限りなかなかハードルが高いかもしれません。しかし、名前の由来をお互いに紹介し合うだけでも親密な空気をつくることはできます。

名刺交換した相手と交わす話題が見つからなかったときなどに、ぜひ、名前の由来を聞いてみてください。

Point

人に好かれるための会話にはテクニックがある。
会話でラポールを築き、相手にとって「特別な人」になろう。

凡人の人生が劇的に変わる出会いの技術4

結果を変えたければ感情よりもまず行動を変える

行動しようとするとき、ブレーキとなるのは理屈

自分にとって満足できるような結果が出ない、もっといい結果を出したいと思うことはあるでしょう。結果を変えるにはどうすればいいのかを考えてみます。

私たちの感情をつくっている基となるものは「記憶」です。人は「記憶」を基に「感情」をつくっています。そして、その「感情」によって動かされ、「行動」します。その行動が、何らかの「結果」につながっています。

では、その「結果」を変えたいなら？

「感情」を変えるという手もありますが、これはなかなか難しい。感情は記憶をベースに生まれてくるもの。たとえば、ネガティブな感情をポジティブに変えようと思っても、意識して簡単にできるものではないからです。ネガティブな感情のままでは、行動に移せませんよね。

ではどうすればいいのかというと、**まず「行動」してみることです。**

「怖い」「不安」「自信がない」といった感情があるから、行動に移すのを躊躇《ちゅうちょ》するのではなく、まず心を無にして行動すればいい。

たとえばあなたが信頼を寄せている人や、もっと信頼関係を築きたいと思っている人がどんな行動をしているか、どんな服を着ているか、どんな言葉をしゃべっているか観察してみましょう。あるいはアドバイスを聞いてみてください。

そして、その人の行動を、自分もそのまま実践してみることです。行動をマネることで、結果は変わってくるはず。そうすれば、感情も変わります。

解決策は行動にしかないということです。

行動しようとするときに、最もブレーキとなるのは、「理屈」です。

不倫を例に考えてみましょう。男性は基本的にオスですから、本能的にはたくさんの女性と遊びたいはずです。目の前にチャンスがあれば、どんな男性も不倫に走ってしまうおそれはあります。

しかしそこでブレーキをかけるものが理屈です。「ここで遊んでしまい、バレたら大問題になる」「離婚することになるかもしれない」「子供ともう会えなくなるかも」、そんなふうに起こり得るリスクを想定した結果、やめておこうという結論になります。

つまり、理屈が誤った行動を妨げるブレーキになるわけです。不倫という行動の判断を決める際、理屈で考えることはいいことです。確かなブレーキになります。

しかし、自分の人生を切り拓く際に、結果を変えていこうと考えたとき、理屈というブレーキは無用の長物になります。**時には理屈を捨てて、まずアクションすることが求められるのです。**

アウトプットこそが最大のインプット

理屈で物事を考える人は、情報をまずインプットしようとする傾向にあります。

たとえば、ゴルフがうまくなりたいと思ったときに、ゴルフの本を読んだりレッスンビデオを見たりします。

でもおわかりの通り、本を読んでもビデオを見ても、ゴルフが上手になったりはしませんよね。ゴルフがうまくなりたかったら、練習場に行って練習したり、実際のコースに出たりして実践を積むことが大事なのです。

だからマニュアルを読んでからじゃないと成功しない、という考え方は捨てたほうがいい。

アウトプットを変えようとしている人は、現状の結果に満足できていないという人です。つまり、これまで蓄積してきた情報や自分の考え方と、そこから導き出された理屈が間違っていたために、満足できない結果になっているということです。

であれば、過去は捨てて、理屈も捨てて、まず行動から変えていくしかない。**つまり、インプットより先にアウトプットをするのです。**

私はよくセミナーなどで、バンジージャンプをしたことがない人に、「まずバンジージャンプやってみましょう」と言っています。

するとほとんどの人は、「なんでそんなことするの？」「バンジージャンプをして何のメリットがあるの？」「やったら人生が変わるんですか？」などと聞いてきます。

それこそ理屈です。

やったら何かあるかもしれないし、何も変わらないかもしれない。でも行動しなければわからないことは絶対にあります。

アウトプットすることが、結果を変えるための貴重な体験となります。それこそが最大のインプットといえるでしょう。

行動はいい結果を生む、と条件付けする

アウトプットによって結果が変わるといういい例をご紹介します。

元メジャーリーガーのイチロー選手が打席に立つときには、いつも同じ独特のルーティーンを行っていました。屈伸する、足場を整える、バットを立てて構える、左手を右肩に添えてユニフォームを引っ張る、といったように。毎回毎回、この順番を寸分たがわずに行っていました。

あのようなルーティーンを行ったからといって、ヒットが打てるとは限りません。ルーティーンとヒットは何の関係もないからです。

しかし、「このルーティーンを実行すると、ヒットを打てる」と、自分の中で思い込むことができれば、脳を騙すことができます。それによって雑念が消えて、集中で

きるようになり、実際に彼はたくさんのヒットを打ったわけです。

このように、「○○をすると○○になる」と条件付けすることを「アンカリング」といいます。

理屈や先入観で物事を考えるのではなく、まず意図的に行動して、そのことと望ましい結果を思い込みで結びつけるようにしてみましょう。

「考えるより、まず行動するほうがいい結果を生む。だから行動しよう」。そんなふうに思い込んで行動してみましょう。

すると、新たな体験ができて新鮮な気持ちになったり、今まで手に入らなかった情報が手に入ったり、これまで関わることのなかった人と知り合いになれたりと、意外とうまくいくことが多いのです。簡単にできるので実践してみてください。

体を動かすことで長期記憶化される

「エビングハウス忘却曲線」という言葉を聞いたことあるでしょうか。ドイツの心理学者、ヘルマン・エビングハウスが実験を元に提唱した曲線です。

エビングハウスは、無意味な音節を複数暗記し、時間が経った後にそれらをどれくらい記憶しているかを調べました。その結果は以下のようになりました。

・20分後には、58％
・1時間後には、44％
・約9時間後には、35％
・1日後には、35％
・2日後には、27％
・6日後には、25％
・1カ月後には、21％

今記憶した情報も、1時間で半分、2日後には7割以上忘れてしまうのです。

勉強したり本を読んだりしてインプットしても、時間が経つほどにどんどん記憶が失われていきます。どうせ忘れてしまうものに時間や労力をかけるのはもったいない気がします。

記憶には短期記憶と長期記憶があります。

短期記憶とは、一瞬だけ覚えていられる記憶のこと。今聞いた電話番号を、数秒間は覚えていられる、というものです。一方、長期記憶は、数週間や数カ月たっても覚えている記憶のことを指します。

せっかくインプットしたことを、数日後、数週間後には忘れていることってありますよね。これは記憶が長期記憶化せずに、短期記憶になってしまったということです。

ではどうしたら、覚えたことを長期記憶にすることができるのでしょうか。

ポイントは、感情を動かすことです。楽しかった思い出が記憶に残りやすいのは、感情を動かされたからです。感情を動かすにはどうすればいいかというと、**体を動かすことです。**自分が実際に行動し、体験したことは、自分の感情を揺さぶることになり、記憶化されやすいといえます。

たとえば、テレビを見ていて、「この国に行ってみたい」と思ったとしても、数日経ったら地名を忘れてしまうことがあります。しかし、自分が行ったことのある国の思い出は決して忘れませんよね。

雑誌やインターネットなどで美味しそうな店の料理を見つけ、「今度食べに行こうかな」と思っても、次の日にはすぐに忘れてしまいます。

ではどうすればいいかというと、すぐに食べに行くことです。食べて美味しかったら（あるいは不味かったとしても）忘れません。**長期記憶化したいなら、まず行動す**

ることが大切なのです。

行動が感情を生むフェイシャルフィードバック

記憶から感情が生まれて、感情が行動につながる、と説明しました。

しかしその反対に、行動が感情を形成するという説もあります。

つまり、悲しいから泣くのではなく、泣くから悲しいという感情が生まれる。楽しいから笑うのではなく、笑うから楽しいという感情が生まれる。というものです。

アメリカの心理学者ウィリアム・ジェームズが唱えた「フェイシャル・フィードバック仮説」です。この説を立証するために、さまざまな実験が行われてきたようですが、学術的にはまだ仮説の域を出ないようです。

ただ、実感としては正しい気もします。

たとえば、笑顔をつくったまま、怒ったり悲しんだり、落ち込んだりすることは難しいです。**笑顔でいれば、わずかでも気持ちはポジティブになってしまうものです。**

「笑う門には福来たる」といいます。落ち込んだりつらいことがあったときこそ、あえて笑顔をつくって、上を向いて歩いてみてはどうでしょうか。

さらに笑顔だけでなく思考、しぐさ、言葉、行動も、自信のある人のように振るまってみるのです。そうすることで、ポジティブなアイデアが浮かんでくるかもしれません。

ハーバード大学の心理学者エイミー・カディさんも、著書『〈パワーポーズ〉が最高の自分を創る』（早川書房）で語っています。

被験者は彼女が提唱するパワーポーズ（ガッツポーズのようなポーズ）を2分間続けるだけで、明らかなホルモン変化が起き、脳の状態が変わり、主張的になり、自信を持ち、ストレスを感じなくなり、落ち着きが出たそうです。

ポーズを取るだけで自信が出てくるなら、お手軽でいいですよね。パワーポーズについて解説したＴＥＤの動画（エイミー・カディ「ボディランゲージが人を作る」）があるので確認してみてください（下記のＵＲＬかＱＲコードで視聴できます）。

Point

結果に満足できないなら、何かを変える必要がある。最も効果的なのが「行動」を変えること。

エイミー・カディ「ボディランゲージが人を作る」
https://www.ted.com/talks/amy_cuddy_your_body_language_may_shape_who_you_are/transcript?language=ja

準備編2

「また会いたい」と言われる人になるための〝心〟の習慣

～相手にとって「特別な存在」になる方法～

Chapter. 2

凡人の人生が劇的に変わる出会いの技術5

まず自ら与えることで与えてもらえる人になれる

成功している人の周りには多くの人がいる

成功者や憧れの人など、自分が同じようになりたいと思っている人に気に入られて、引き上げてもらうには、まず相手にとって「特別な人」になる必要があります。そして、「また会いたい」と思ってもらえる存在になることが大切です。

この〈準備編2〉では、そのための心がけについて解説していきましょう。

まずは人脈について考えてみます。ビジネスにおいてもプライベートにおいても、人脈の大切さは言うまでもありません。

では人脈とは一体何なのか。**改めて考えて見ると、それは信用の証しと考えることができます。**

成功者の周りにはすごい人脈がそろっていますよね。

たとえばアップルの創業者、故スティーブ・ジョブズ。彼はプログラミングが得意だったわけでもないし、デザイン制作が優れていたわけでもない。そんな彼がなぜあれほどまでの成功を成し遂げたのかというと、周りにエキスパートがいたから。

コンピュータエンジニアリングについてはスティーブ・ウォズニアックが、デザインについてはジョナサン・アイブが、それぞれジョブズの片腕となって力を発揮していました。

ジョブズは優れた経営者であったことは間違いありませんが、彼ひとりの力では何もできなかったでしょう。でも彼のことを信用して、優れた人々が周りに集まったからこそ、大きな成功が成し遂げられたのです。

お金もこれとよく似ているところがあります。誰かが誰かにお金を払うときは、相手を信用しているときです。あやしいと思っている相手にお金を払う人はいません。

特に高い金額のときほど、お金を払うに値する人なのかどうか、慎重に相手のことを見極めようとします。そして、安心できると判断してから払います。

そして、信用力の高い人のもとにはお金がたくさん集まってきます。お金の価値と信用の価値はイコールなのです。

したがって、お金がほしいと思ったら、お金そのものを求めたり仕事を求めたりするよりも、人からの信用を獲得するように努めるといいのです。

「あの人と一緒に働きたい」「あの人が仲間に加わってくれると、うちの会社はいい感じで回る」「あの人と仕事をすると新しいアイデアが出てくる」、そんなふうに思ってもらえる人を目指すことです。

そのような魅力的な人になることができれば、自ずとお金もついてくるのです。

ロウソクの法則～与えられる人のもとに人は集まる

成功やチャンス、お金などは、すべて「人」経由でやってきます。では、どうすればそういったものを人から与えてもらえるのでしょうか。

まず、自分が先に与えることです。

何かを人に与えられる人は、たくさん感謝されます。そして、感謝した人たちが寄ってきて、お返しに何かを与えてくれます。ギブする人の周りにはこのような好循環が生まれます。

ギブの大切さを簡潔に教えてくれる考え方に「ロウソクの法則」があります。

ロウソクについた火を使って、他のロウソクにも火をつけるとどうなるでしょうか。当たり前ですが、火のついたロウソクが2本に増えますよね。最初のロウソクの火が消えることはありません。

しかし、心の貧しい人は、与えることを嫌がります。ロウソクの火でさえも人に与えたら、なくなってしまうと勘違いしています。その結果、いつまでたってもロウソクは1本しか灯ることがなく、自分の周りは暗いままです。

一方、他人にどんどん与えようという精神の人は、ロウソクの火も分け与えます。その結果、どんどんロウソクの火が広がっていき、周囲はますます明るくなっていくのです。

最終的には、たくさんのロウソクの火で自分が照らされ、輝いている状態になります。人間関係でいえば、多くの人に助けられ、神輿として担がれて、サポートされている状態です。

人間関係もロウソクの火のようなものだと思います。人に与えることを積極的に行うことが、結果的に自分に返ってくるのです。

実際のところ、与えるばかりの人と、もらうばかりの人ではどっちが得か。このあたりのことは、『GIVE & TAKE「与える人」こそ成功する時代』（アダム・グラント著、楠木建 監修／三笠書房）という本に詳しく書かれています。

本のなかでは、現実の世界において、ギバー（人に惜しみなく与える人）とその正反対にいるテイカー（真っ先に自分の利益を優先させる人）が、どんな行動を取ってどのように周囲に影響を与え、それがどのような結果に結びつくか、データや実験結果も加えながら詳しく解説されています。結論として、いちばん成功するのはギバーであると書かれています。

大変説得力のある内容になっているので、ぜひ読んでみてください。

与えるものなんてない人は？

「自分には人に与えられるものなんてない」と思っている人もいるでしょう。しかしそれは間違い。**与えるものを持っていないのではなく、気づいていないだけです。**どんな人にも、ギブできるものはあります。

自分の生まれてから今日までの間を振り返ってみてください。自分が好きで夢中になってやったことや、自分が得意だと思うこと、時間をかけて取り組んだことなど、いろいろあるはずです。

ポイントは、人との比較で考えないこと。他人より優れているかどうかではありません。

こうして振り返ると、誰にでも、ギブをできることがたくさん出てきます。大人には教えられないけど、子どもや初心者になら教えられることはあるのではないでしょうか。そういう得意分野を見つけていきましょう。

このような説明をしても、「私には個性はない」「優れたところなんてない」と答える人がいます。謙遜しているのではなく、本当にそう思っているようです。

しかし、誰にだって個性はあるし、優れたところや魅力は必ずあります。「ない」と思うのは勘違いです。

なぜ「ない」と勘違いしてしまうのかというと、おそらく、他人と比較して突出して優れたところを探そうとしているからだと思います。そして、「あれもない、これもない」と減点法で自分をとらえてしまっています。

突出して優れた人になるというのは大変です。でも突出して優れた人でなければ魅力がないのかというと、そんなことはありません。

たとえばあなたがサッカー経験者だったとします。サッカー経験者だからといってサッカーの一流選手なのかといえば、そんなことはないでしょう。じゃあサッカーが得意じゃないかといえば、それも違いますよね。

プロ選手や、毎日のように練習している中高生に比べたらレベルは低いかもしれませんが、初心者や小学生相手に教えるくらいはできるはず。自分よりレベルが低い人にとっては、あなたは上手な人だからです。

自動車学校の指導員も同じです。彼らは一流のドライバーではないし、一流の教育者でもないでしょう。でも、人に運転を教えるという役割をちゃんと果たしています。

その分野でいちばんだったり、突出して優れた人だったりしなくても、人に与えられるものはあるのです。少し誰かよりも秀でていれば、そのことで他人に貢献できます。**「減点法」ではなく「加点法」で考えましょう。**そうすれば誰かに対してギブできることは見つかるはずです。

役割を与えることもギブのひとつ

何も与えるものがない場合は、**「役割を与える」という考え方もあります。**

たとえば私は、英語ができません。グローバル時代に英語は必須と言われており、確かにその通りだと思うのですが、これから私が英語を勉強する予定もありません。

なぜなら、今から勉強して多少の英語力を身につけたところで、すでに英語を身につけた人に勝てるようにはならないからです。苦手な分野を苦労して伸ばすのではなく、自分の得意なところを伸ばしていくほうが大事だと思っているからです。

では、英語を使わなければならない場面に遭遇したらどうするかというと、それは英語の得意な人に任せることにします。つまり、通訳者や翻訳者といった英語が得意な人に、役割を与えてあげればいいということです。

こうして役割を与えれば、与えてもらった人もハッピー、私も助かってハッピー、お互いにハッピーです。

自分に厳しい人やがんばり屋さんは、どうしてもひとりだけで完結しようとしてしまい、他人の役割を奪ってしまうことがあります。しかし役割を与えたほうが、相手に感謝されるし、こちらもハッピーになれるということです。

人にかわいがられて、人に引き上げてもらうためには、積極的に役割を与えてきましょう。与えるというとなんとなく偉そうな感じがしてしまいますが、実際は、頼る、お願いするという感じです。

「この分野のこと、全然知らないんです。ぜひ教えてください」

「あなたの力をぜひ貸してください」

そんなふうにお願いされて、悪い気になる人はいません。それは役割を与えているからです。役割を与えるということは、相手に期待していることでもあります。

Point

ギブする人だけがテイクできる。まずは自ら与えて、そして与えられることで相手との信頼関係を強化していこう。

凡人の人生が劇的に変わる出会いの技術6

自分の本音に素直になることが自己肯定感を高める

なぜ日本人の自己肯定感は低いのか

「自己肯定感」。自分自身に満足し、自分のことを価値ある存在だと思えることを指す言葉です。

日本人の若者は諸外国の若者と比べて、自己肯定感が極端に低いことがわかっています。

内閣府の「令和元年版　子供・若者白書」によれば、日本を含めた7カ国の若者に行った意識調査で、「自分自身に満足しているか」という質問に対して、「そう思う」

■自分自身に満足しているか

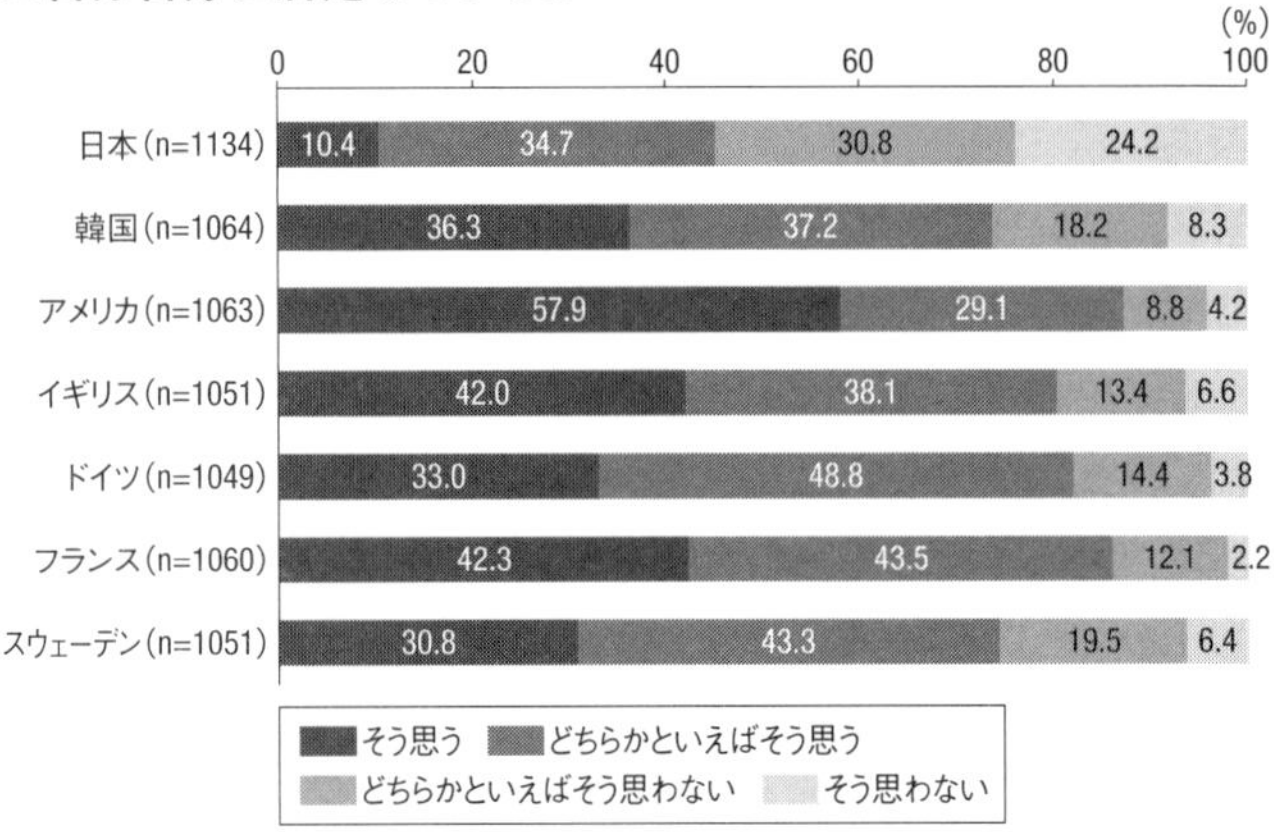

(出典:内閣府「令和元年版　子供・若者白書」)

または「どちらかといえばそう思う」と答えた人の割合が、日本人は計45・1%でした。これは7カ国中最下位の数値です。

これは何も若者に限ったことではなく、どの世代の人にも当てはまります。

心理学の分野で行われた別の調査では、「今の自分を誇れますか」という質問に対して、イエスと答えた日本人は何と3%しかいませんでした。残り97%は、自分を誇れないと考えていたわけです。

なぜ日本人は自己肯定感が低くなってしまったのか。**おそらく、古くから**

根付いている日本独特の「減点法思考」の教育方針が原因ではないかと思います。

人より優れているところを伸ばそうとするのではなく、人と比べて足りない部分、欠けている部分を指摘され、そこを埋めることが努力であり成長であり、評価につながるという教育です。

減点思考のおかげで私たちは、その他大勢と同じことが「正解」であると意識するように育ってしまいました。不正解を正す教育を受けることで、「自分らしさ」という個性がどんどん失われてしまったのです。

しかし社会に出れば、そのような考え方は通用しないことが多い。個性的な人のほうがより高い評価を受けることが多いという事実は、あなたもおわかりでしょう。

「個性」を失うことは、自己否定につながります。結果的に今の自分に「ＯＫ」を出し、満足するという気持ちが持てなくなっているのではないでしょうか。

この世に完璧な人などいませんし、それを求めることはナンセンスです。欠点や弱点、コンプレックスは欠かすことのできない才能といえます。

欠点・弱点・コンプレックスを受容し、自分を認めてあげることができれば、自己肯定感が高まります。それにより、自分の中の可能性が動き出し、自分が思っている自分に近づいていくことができます。

本音を言わないと自己肯定感が下がる

ではその自己肯定感を高めるにはどうすればいいか。**そのひとつの方法が、自分に素直になるということです。**

人は知らず知らずのうちに、たくさんウソをつきます。人に迷惑をかけるような大きなウソはつかなくても、小さなウソをたくさんついている人は多いはずです。

たとえば飲み会に誘われたとき、単に行きたくないだけなのに、「その日はスケジュールが埋まっているんです」とウソをつくことはないでしょうか。あるいは、人との待ち合わせに遅れたときに、本当はただ行動が遅かっただけなのに、「仕事が長引いちゃって」などと言う。

取るに足らないような小さなウソであり、相手にもほとんど迷惑はかけていないかもしれません。しかし、そのような小さなウソを積み重ねることでも、自分のなかに少しずつ罪悪感が蓄積されます。それが自己肯定感を下げることになります。

なかでも自己肯定感を最大に下げるウソが、自分の本音に対するウソです。

・好きなものがあるのに、人に言わない
・自分の意見があるのに言わない
・やりたいことがあるのにやらない
・食べたいと思っているのに「何でもいい」と言う
・本当は嫌なのに、嫌じゃないフリをして引き受けてしまう

などなど。自分の本音に対して素直になれないことは誰にでもあります。しかしこれらの言動は、自分にウソを言っていることになり、自己肯定感を著しく低下させます。その結果、「自分の意見や好みがない」状態に慣れてしまいます。

つまり、自分が何を好きなのか、どんなことを考えているのか、将来何をしたいと思っているのか、何が食べたいのかなど、自分のことを語れない状態が普通になってしまうわけです。

自分がないわけですから、物事のさまざまな側面で、他人からの影響をもろに受けて生きていくことになります。他人が「こうしろ」「これを食べよう」といったことに従うしかなくなってしまいます。

他人から影響を受けて流されるだけの生活になってしまうと、ますます自己肯定感

が下がります。負のスパイラルに陥っていくのです。

このスパイラルを断ち切るには、自分に素直に生きるしかありません。

人からの評価などをおそれずに、はっきりと自分の思い、やりたいこと、好みを示していきましょう。自分の本音に素直に生きるということです。

嫌われるかもしれない、笑われるかもしれないという不安はありますが、それを乗り越えて、**「私はこうしたい」「自分はこういう人間です」「これが好き」と自分を語っていきましょう。**

そうすることで、影響される側から、影響する側へと変わることができます。

セミナーでは必ず手を挙げよう

意見を言える自分になるための訓練方法のひとつが、会議やセミナーに参加したときに必ず質問することです。

私はよくセミナーを開催しますが、最後に「質問はありますか?」と聞いたときに、手が挙がらないことがあります。じゃあ参加者のみなさんは十分理解してくれたんだなと安心していると、実際にはそんなことはなく、セミナー修了後に個別に質問に来る人がいたりするのです。質問しなかったのは、単に恥ずかしかったからというわけです。

会議やセミナーで質問することは、自分の意見を言ったり、自分の疑問点を自覚して解消したりするといった行動です。質問があるのに放っておくことは、自分の意見を封じ込め、「わからない」という本音に対してウソをつくことになります。

多少恥ずかしいかもしれませんが、自己肯定感を高めるためにも、会議やセミナーでは積極的に手を挙げて質問するようにしましょう。

ちなみに私の妻は、そういう場面になったら、質問がなくてもあえて手を挙げて発言するそうです。彼女曰く「だって、講師の人に失礼でしょ」と。自己肯定感が高いだけでなく、講師の人に対する配慮もある。我が妻ながら、すごいなと思います。

本当にポジティブな人は、できない自分を許す

セミナーでは必ず手を挙げよう、といったそばからなんですが、手を挙げられない自分がいたからといって、自分を責める必要はありません。

「質問があったのに手を挙げられなかった」「自分は勇気がないんだな」と責めてし

まうこともまた、自己肯定感の低下につながってしまうからです。

自分を責めるのではなく、「そっか、私は手を挙げられない人なんだ」「次の機会に挙げればいいや」と許してあげることが大事です。

心理学の分野では、このように自分を許す行為を、「セルフ・コンパッション」といいます。

自分に対して思いやりを持って、あるがままの自分を受け入れるという考え方です。その結果、自分に対する不安やストレスが軽減され、自己肯定感が高まり、幸福度が高まると考えられています。

本当のポジティブな人は、どんな自分も受け入れられる人です。自分のいいところもダメなところも、できたこともできないことも、すべて受け入れて、「人間なんだから、そういうこともあるさ」と許してあげられる人です。

欠点やコンプレックスがあったとしても、それを「欠けている部分」「人より劣っている部分」「直さなければならない」などと考えず、そのまま自分の個性と受け止めてみましょう。

そして強みやメリットに目を向けて、伸ばしていくようにすればいいのです。

希少性が価値観を生む

本当のポジティブは、自分の欠けている部分も含めて、あるがままの個性を受け入れることです。人との違いは個性であり、個性は価値であることに気づくべきです。

私は大学時代の就職活動のときに、アパレル関係を中心に回りました。そのときに意識したことは、ネイビーのスーツに黒の革靴という、いわゆるリクルートスタイルをしないことです。

ファッションを売っているアパレル会社を回るわけですから、リクルートスーツでいいわけがないと思ったのです。そこで、グレーのスーツで就職活動を行いました。どの会社にいっても周りはネイビーのリクルートスーツでしたから、目立ちました。この作戦がはまったのかもしれません。5、6社に内定をもらうことができました。最後のほうではもう実験のような気持ちになって、私服で面接に行きました。すると、当然目立つわけです。面接前から社員の方に「どうしたの？」と心配されるくらいでした。

結果は、その会社にも内定をいただきました。電話をいただいたときに理由を聞いてみたところ、「ひとりだけ私服で来たのがよかった」と言われました。

もちろん、このような作戦がどの場面でも通用するわけではありません。ただ、人と異なることが価値を生む場面は、仕事においても、あるいは日常生活のなかでもたくさんあるはずです。

堀江貴文さんは『多動力』（幻冬舎）のなかで、「ダイヤモンドがなぜ価値があるのか？　それは美しいからではなく、珍しいからだ」と書いていましたが、非常に共感できます。

珍しさや人との違い、個性が価値を生みます。学校教育のように、みんなと同じ方向に進むことは、自分の価値を失わせる危険な行為です。**自分の価値を高める方向に舵を切りましょう。**

感情が行動の源。もっと感情的になっていい

ビジネスシーンでも日常生活でも、感情的になることはあまり良いこととされていません。感情を抑えることが大人の振るまい、と考えられているようです。

そのため、特に優しい人ほど感情を抑えてしまう傾向にあります。「ここは私が我慢すれば丸く収まる」というふうに考えて、怒りや悲しみを表すことを諦めてしまう。

しかしこれは危険です。感情を抑圧するのではなく、もっと感情に素直になっていい。なぜなら、人は感情で動くものだからです。感情を出さなければ、行動にもつながらないのです。

『インサイド・ヘッド』というアニメ映画をご存知でしょうか。『トイ・ストーリー』をつくったピクサーの作品です。

このアニメは、女の子が主人公。彼女は、慣れない街に引っ越したのを機に、感情を封印してしまいます。そして家族との関係が崩れ、家出をします。そこで危ない目に遭うのですが、感情がなく顔に表情が出ないため、彼女の置かれた状況が周りに伝わりません。

しかしあることがきっかけで感情を表現できるようになると、周りの人にも彼女の状況が伝わり、助けてもらえるようになります。そして家族と再会を果たし、家族関係もうまくいくようになる。だいぶ省略していますが、そんなストーリーです。

この映画が伝えたいメッセージはいろいろあると思いますが、**ひとつは感情を表に出す大切さだと思います。**

『インサイド・ヘッド』の主人公のように感情を抑えたまま生きることは、自分の心を封印してしまうことであり、生きていくうえで危険な行為なのです。

感情を抑えていると、「腹が立つ」「くやしい」だけでなく、「楽しい」「うれしい」といったポジティブな感情も味わえなくなってしまいます。それは、自らのエネルギーを奪い取ることになります。

ではどうすればいいかというと、ここでもセルフ・コンパッションです。「腹が立つ」「悲しい」「くやしい」などの感情を覚えたときに、自分を俯瞰的に見て、**その感情をそのまま受け止め、許容することが必要です。**

たとえば怒りなら、「くそー、腹が立つ。私は怒っている！」という感情をそのまま味わう。そのうえで、「こんなふうに怒っているのは私だけじゃない。誰もが怒りを覚えることはある。怒るのはおかしいことではないんだ」と自分を許してあげる。

このようなステップを踏むと、怒りの感情をきちんと味わいつつも、自分を癒やすことができます。そして、前向きな感情も生まれてきます。

喜怒哀楽を素直に受け止め、味わうことは、生きるうえでのエネルギーになります。また、自分の喜怒哀楽を表に出して語ることは、相手の感情を揺り動かすことにもつながります。**私たちはもっと感情的になっていいのです。**

不安はあってもいい。マネジメントする方法を知ろう

自己肯定感が低い、つまり自分に自信を持てない状態だと、不安感も強くなります。常に何かに不安を感じ、緊張し、そのことでストレスを抱えてしまっている人は多いかもしれません。

しかし、「不安をなくす方法はどうすればいいか」「不安がある状態をどうにかしたい」と思い悩む必要はありません。

なぜならば、不安は一生、なくならないものだからです。

仮に、「給料が少なくて、このままでは老後が不安」と考えている人がいたとします。その人が転職し、給料が増えたら、不安はなくなるでしょうか。そんなことはありません。

「給料をもっと増やさなければ豊かな生活はできない」「子どもをいい学校に入れなきゃならない」などと新たな不安が出てくるからです。給料がさらに増えたら増えたで、「老後資金を○千万円貯めなければ貧しい老後を迎えることになる」とまた新たな不安が台頭してきます。

何らかの拍子に大金持ちになったら不安が解消されるかというと、それもないでし

ょう。「この資産をもたせることができるか」「騙されて奪われるかも」とか、「相続をどうするか」など悩みはあるのではないでしょうか。

このように、不安は決してなくなりません。であれば、不安を探すことをやめてしまったほうが、ポジティブにストレスを感じずに生きられるのではないでしょうか。

むしろ、不安はあったほうがいいことが心理学の研究でも証明されています。

「あなたは今の自信に自分がありますか?」という質問に、イエスと答えて、「これからの人生に不安はありますか?」という質問にノーと答えた人の、その後の人生を調べるという研究です。

つまり、「自分に自信があって、将来に不安を持っていない人のその後はどうなったか」という調査です。結果、たいていの人は大きな失敗をしていることがわかったのです。

なぜそのようになったかというと、不安がないことが、油断や慢心を生んだのだと考えられます。

人は不安だから慎重になるし、将来に向けて勉強するし、努力するのです。**不安は最高のモチベーションといってもいいでしょう。**

不安を悪者扱いするのではなく、モチベーションの種として、上手に付き合ってあげることが大切です。

不安とうまくつきあうための不安マネジメント術

そこで、不安をマネジメントする方法をお教えします。

まず、そもそもなぜ不安になるのか。多くの場合、その原因は、世の中の常識にとらわれていることだったりします。たとえば、

・良い子になれ
・勉強しろ
・良い学校に入れ
・良い会社に入れ
・良い人と結婚しろ
・良い子を育てろ
・豊かな老後を目指せ

これらが「幸せ」になる条件であると、世の中では当たり前のように言われていますよね。**これは、ウソなのです。**その理由はすでに述べた通り。これらの「幸せ」になる条件を目指し、達成したところで、やはり不安はなくならないから。

良い学校に入って良い会社に入った人が、必ず幸せになるかというとそんなことはありません。そのような立場になっても、やはりいろんな不安が出てきます。正解を求めれば求めるほど、不安になっていくのです。まるでコントです。

不安をマネジメントするためには、まず「正解はひとつではない」ということを理解する必要があります。**あなたが選んだ道が、あなたにとっての正解なのです。**

世の中の正解にとらわれそうになったら、「どっちだっていい」「何だっていい」という姿勢で、自分らしく、自分の意見を大切にするように心がけましょう。

次に、人と比較するのをやめましょう。

私たちは、他人と比較して、他人からの評価を気にしてしまいがちです。「あの人よりすごい」「あの人よりいい会社に所属している」などなど。

誰かと比べて自分の価値を決める必要はありません。

人には、それぞれ役割があります。自分だからできる役割を果たしていくことが大切です。自分しかできない役割で他人に貢献することでも、自分の心は満たせます。

まずは自分が「凡人」であることを認めましょう。凡人であることを認めずに、肩肘張って、ごまかして生きていこうとするからつらくなるのです。

私も凡人です。あなたもおそらく凡人です。いろいろな場面で「どうせ自分は凡人なんだから」と思って生きていく。そうすることで肩の力が抜けて不安が和らぎます。


もうひとつの不安マネジメント方法は、バランス理論です。

この世にワンサイドは存在しません。光があれば、必ず影もあります。

コインにも、表があれば必ず裏もあります。人からコインを受け取るときに、表だけを受け取って裏を受け取らないということはできません。裏も表も一緒に受け取るからこそ、コインを手に入れられます。

つまり、ほしい物とほしくない物はワンセットになっていると考えてください。だから、ほしくない物を拒否すれば、ほしい物も手に入らないのです。

たとえば、お金がほしいと思ったら、もっとたくさん働く必要がありますよね。そうすると自由にできる時間を失うことになります。

結婚を選択したら、配偶者との幸せな生活を得られるかもしれませんが、さまざまな責任がついてきます。

このように何かを得ることは、何かを失うことです。また逆に何かを失えば、何かを得ることになります。

コインの裏表と同じように、あらゆることに両面があります。**表だけでなく裏も受け入れ、両面でバランスの整った状態に持っていくことが、不安をなくすためには大切ということです。**

Point

学校教育のせいで日本人は自己肯定感が低い。

自分には価値があることを知り自己肯定感を高めよう。

凡人の人生が劇的に変わる出会いの技術7

自活と他活で、人を巻き込み、問題を解決しよう

助けてもらった人が好意を持たれる心理

「役割を与えることもギブのひとつ」と前述しました。**ここで言う「役割を与える」というのは、助けてもらうこと。**

自分は助けてもらおうと思ったとしても、相手には相手の事情がありますから、思ったように助けてもらえないこともありますよね。したがって最初から相手に期待するのではなく、まずは自らがリーダーとなって、相手を助けてあげることが大切です。

そして、相手を助けることで信頼関係が生まれたら、今度は相手に期待し、役割を

与えて、お願いをしていくわけです。

するとと、不思議なもので、あなたを助けた相手は、あなたに対して好意を持つようになります。

普通に考えれば、助けられた人が、助けてくれた人に対して好意を持つと思うかもしれませんが、逆です。つまり、溺れた人がいて、その人を助けた人がいるとき、助けた人が溺れた人に対して好意を抱くようになるのです。**これは心理学の分野でもよく知られた現象で、「ベンジャミン・フランクリン効果」といいます。**

なぜこのようなことが起こるのかというと、これも心理学で説明がつきます。

人は、自分の行動が自分の心と矛盾していることを、不快に思う性質があります。この不快を打ち消すために、矛盾を修正しようという心理が働きます。**このことを「認知的不協和の解消」といいます。**

先ほどの例で言うなら、「溺れている人を助ける」という行動を取ったとき、「私はなぜこの見ず知らずの人を助けたのか」という矛盾が心の中に芽生えます。そして「それは相手に好意を持っているからだ」という矛盾の修正作業が行われるわけです。

助けた人が、助けてもらった人に対して好意を抱くようになる。このような心理的な働きによって、助けた人と助けられた人の間の関係性は、どんどん進化していきます。**だからこそ、周囲の人を頼り、積極的に役割を与えていくことが大事なのです。**

「自活」だけでなく「他活」で問題解決

役割を与えることとは、**別の言い方をすれば「他活」です。**つまり他人を活かすということ。人間ひとりの力は微力なので、自活できないものは他活して問題解決していくことが大切です。

努力と根性と自分ひとりの力で乗り切ろうというのではなく、**自分を信じて、相手を信じて、他人に役割を与えて、甘えてみるという発想も必要です。**

私が他活上手だなと思う人は、元ＡＫＢ48の指原莉乃さん。

彼女は、相手の懐に入っていくことがとても上手。たとえば、テレビ界の人にとっては近づきがたい大御所であるタモリさんにも、「タモさん、タモさん。今度ご飯連れていってくださいよ～」と距離を絶妙に縮めていきます。

周りから見ると「うわー、タモリさんに馴れ馴れしい」と思うわけですが、タモリさん本人からしてみれば、勝手に壁をつくって近づいてこない他の人たちよりも、人懐っこく近づいてくる指原さんのほうがかわいく思えるわけです。

そんなわけで彼女は誰からもかわいがられています。指原さんの他活の上手さは見習いたいですね。

指原さんのように一流の人は、往々にして甘え上手です。

他人に甘えるということは、役割を果たすチャンスを与えることです。誰かの役に立つことができた人は、チャンスをくれた人に対して感謝の気持ちを抱きます。

したがって甘え上手な人は、自分の欠点をよく自覚し、その欠点を補おうとするのではなく、相手に埋めてもらおうと考えます。そして上手に甘えて他人に役割を与えます。だからこそ人に喜ばれ、愛されるようになるのです。

その反対に、自分ひとりでがんばって乗り切ろうとする人は、他人の役割を奪っていることになるわけですから、人から好かれにくいといえます。

人の役割を考えるときに、私がよく例に挙げるのが、小倉優子さんの離婚問題です。「ゆうこりん」ことタレントの小倉優子さんは以前、美容師の男性と結婚していましたが、その後離婚しました。離婚の原因は夫の不倫だったわけですが、私はもっと根本的な原因があったと考えています。彼女は非常に自己肯定感が低い人で、何事にも自信がなく、だからこそ完璧を目指してがんばるタイプだったと推察されます。

たとえば、ありのままの自分では愛される自信がないから、いつもお化粧をばっちりする。料理や育児にも一生懸命に取り組み、たとえ夫が飲み歩いて遅く帰ってきたり、育児をまったく手伝わなかったりしても文句ひとつ言わない。

奥さんのそういう性格を旦那さんが理解していればよかったのですが、そうではなかった。旦那さんはおそらく「自分の父親としての役割を奪われてしまった」「自分は必要のない存在なのか？」と無意識に感じていたのでしょう。甘えて頼ってきた女性に役割を与えられた旦那さんはその期待に応え、そしてつい、不倫に走ってしまったというわけです。

ちなみに小倉優子さんは再婚されていますので、今度こそ幸せになってほしいですね。

役割を奪われることが、その人の生きがいややりがいを奪ってしまうという現象は他にもあります。

たとえば高齢の夫婦についてもそう。長年連れ添った高齢のご夫婦で、一方が先に亡くなると、もう一方がすぐにうつ病や認知症を発症するケースはよくあります。これは、配偶者が亡くなったことで、夫または妻という役割が失われたことが大きな原因のひとつといえるでしょう。

この場合は残された配偶者の方に、孫の世話をしてもらう、家庭菜園に精を出してもらう、など何らかの役割を与えてあげることが大切です。

ビジネスにおいても同じです。**自分のチームの人に、上司に、部下に、取引先の人に、何らかの役割を与えてあげましょう。**そうすることで感謝され、あなたに協力してくれる人がますます増えてくるのです。

弱い人のほうが助けてもらえる

離婚の話が出たついでに、もう少し最近の芸能人の離婚問題についても触れてみます。「フジモン」こと藤本敏史さんと、「ユッキーナ」こと木下優樹菜さんの離婚です。こちらのケースは、木下優樹菜さんによるタピオカドリンク店への恫喝騒動が発端となって離婚に至ったわけですが、私なりに離婚に至った理由を分析してみます。

木下さんはもともとおバカキャラで愛されていました。また、ヤンキーキャラでもあり、実際の性格も強気。藤本さんを尻に敷く夫婦関係をテレビでも売りにし、それが世間的に受けていました。

そんな彼女が結婚・出産を経て、インスタグラムを始めてからは、フォロワー数を急激に伸ばし、ママタレントとしての地位を獲得。インフルエンサーとしてもてはやされるようになりました。

もともとは弱い立場のおバカキャラとして愛されていたのに、いつの間に、インフルエンサーという強い立場にチェンジしていたのです。そんな状況で、タピオカドリンク店への恫喝が発覚しました。

弱いときには応援されていたのに、彼女はすでに強い立場にいた。強い人の不祥事に対して、世間の人は必要以上に叩きたがります。強烈なバッシングが起こってしまった理由はそこにあったと考えます。

出る杭は打たれるとはいいますが、強い人は叩かれます。叩かれてもまったく気にしないほど強い心や立場を築けばいいのですが、なかなかそれは難しい。であれば、弱い立場でいたほうが得策です。**あえて人に負けて、人に甘えていくほうが、他人に助けてもらうことができるのです。**このふたりの場合も、ユッキーナが弱さを出して、フジモンに甘えていたら、別の結果が待っていたかもしれません。

バズる人になって人脈をつくる

仕事の成果につながるような人脈をつくるには、まず、自分の周りの人を大切にしましょう。

そして、自分ができることで貢献する（ギブする）こと。自分のギブしたことによって相手に喜びを与えることができれば、それが信用・信頼の獲得につながります。**ギブするときのポイントは、自分の個性をアピールして相手に印象を与えることです。**他の多くの人と同じでは、せっかくギブしたとしても埋もれてしまい、もったいない。

しかし自分らしさや個性を隠さずに出していけば、相手の印象に残りやすくなり、その人から別の人へと口コミが伝わりやすくなります。

インスタグラムなどに、「あの人気の店でパンケーキ食べました！」という写真を載せる人がいるのは、自慢したいからですよね。イケてるパンケーキを食べに行った、そんな私もイケてるでしょ、とドヤりたいから写真を載せているわけです。

人を誰かに紹介したくなる心理もそれと一緒です。人が他人に、「こんなすごい人に会ったよ」「この前こんな人と仕事したけど、面白かったよ」と紹介したがるのも、結局は自慢です。こんなすごい人を知っている自分を自慢したいのです。

人脈をつくるポイントはここにあります。**人としての魅力を高めて、個性を磨き、自慢話のネタになるような人になればいいのです。**

この話でよく私が例に挙げているのが、「ファミマの加藤さん」です。数年前にSNS上でバズって有名になった人です。彼は名古屋のファミリーマートの店員さんなのですが、一目見て個性的です。

まず、あいさつやお礼などの発声が魚市場の仲買人のようなテンションとボリュームで、さらに動きも独特なのです。そんな人がコンビニ店員をやっているわけですから、つい誰でも注目してしまいます。

そんな彼のことを誰かが撮影してSNSにアップしたおかげで、大きく拡散しました。そのことがヤフーニュースのトップ記事にもなり、話題はさらに広がって、翌日には彼の勤めているファミマに行列ができたということです。

なぜ彼があんなに注目されたかというと、違和感です。もしこの加藤さんが魚市場で働いていたのなら、まったく違和感がないでしょう。しかしコンビニで働いていたから、強烈に違和感があった。それで注目されたということ。

違和感というとネガティブな印象を受けますが、個性と言い換えることもできます。自分らしく伸び伸びと生き、個性的だったからこそ、たくさんの人に拡散される人材となることができたわけです。

この話には後日談があります。話題になった加藤さんでしたが、結局、本部から注意を受けたのか、普通の接客をする普通の店員になってしまいました。結果、そのコンビニに人が押し寄せることもなくなりました。

普通の人になった途端、周りの人は興味をなくしたのです。**バズる人になって、多くの人に助けてもらうには、違和感のある人を目指すべきなのです**（ちなみに加藤さんはその後、「キレッキレの加藤」というキャラクターで復活して、頑張っているようです）。

Point

自活だけで問題を乗り越えるのは難しい。
弱いところを見せて、甘えて、他人の力を活かす。

凡人の人生が劇的に変わる出会いの技術 8

王道だけでは苦しい。王道×邪道で好感度をゲットする

王道だけでは生き残れない。邪道だけはダメな人

世の中のいろいろな物には、「王道」と「邪道」がありますね。

王道とは、本来は「安易な道」「近道」を示すようですが、現在では「正攻法」「定番」などの意味合いで使われることが多くなっています。「人としてあるべき姿」みたいな意味合いで使われることもあります。私もこのイメージで使用しています。

対して邪道はその反対で、正攻法や定番からは外れた道のこと。奇をてらったり、トリッキーな技を駆使したりして、正面からではなく裏側から物事の突破を試みよう

とするやり方を指します。

私たちはこれまでの教育のなかで、基本的に王道を教えられてきました。みんなが教わってきた王道は、基本的には正しい道だと思っています。

しかし、それだけでは面白くないというのも事実。普段、王道だけを歩んでいる人は個性的に見えないし、他人の記憶に残りづらいのです。そこに、たまに邪道な要素が加わると、途端に魅力的に見えたりします。

そこでおすすめしたいのは、**対人間関係において、王道だけを見せるのではなく、かといって邪道だけに偏るのではなく、「王道×邪道」で自分の魅力をつくっていくことです。**


よくセミナーで、「自分らしく生きよう」ということを伝えると、では他人のことなどあまり気にせずに、自分の好きなことだけをやればいいと考えてしまう人もいますが、それは邪道のみに生きるということであり、危険です。

邪道というのは個性であり、違和感です。そこばかり前面に出してしまうと、周囲から引かれてしまうし、人間関係をうまく構築しづらい。かといって、王道だけでは面白みにかける。**だから、王道をベースに邪道を加えるのです。**

基本はバランスのとれた健康的な食事だけれども、それだけではちょっと味気ないから、一品だけ激辛メニューやこってりメニューを加える、そんな感覚でしょうか。

個性に関して研究する「被服心理学」の実験からは、次のようなことも指摘されています。

品が良くて、王道的なスタンダードな服装をしているけれど、一部、個性的な装飾品を「少し」身に着ける。そういうファッションが、誰からも最も魅力的に感じられる服装であるということです。

そして、その黄金比率は「無難：個性的」が7：3くらいで良いとされています

「王道×邪道」を意識して自分をマネジメントしてみてください。

人の隠された部分を開放していく

自分のなかの「邪道」を、人間関係のなかで少しずつアウトプットしていく。この考え方を後押しする分析方法として、「ジョハリの窓」というものがあります。

心理学者のジョセフさんとハリスさんが考案した、対人関係における自分自身を4つの窓で表現したものです。

■ジョハリの窓

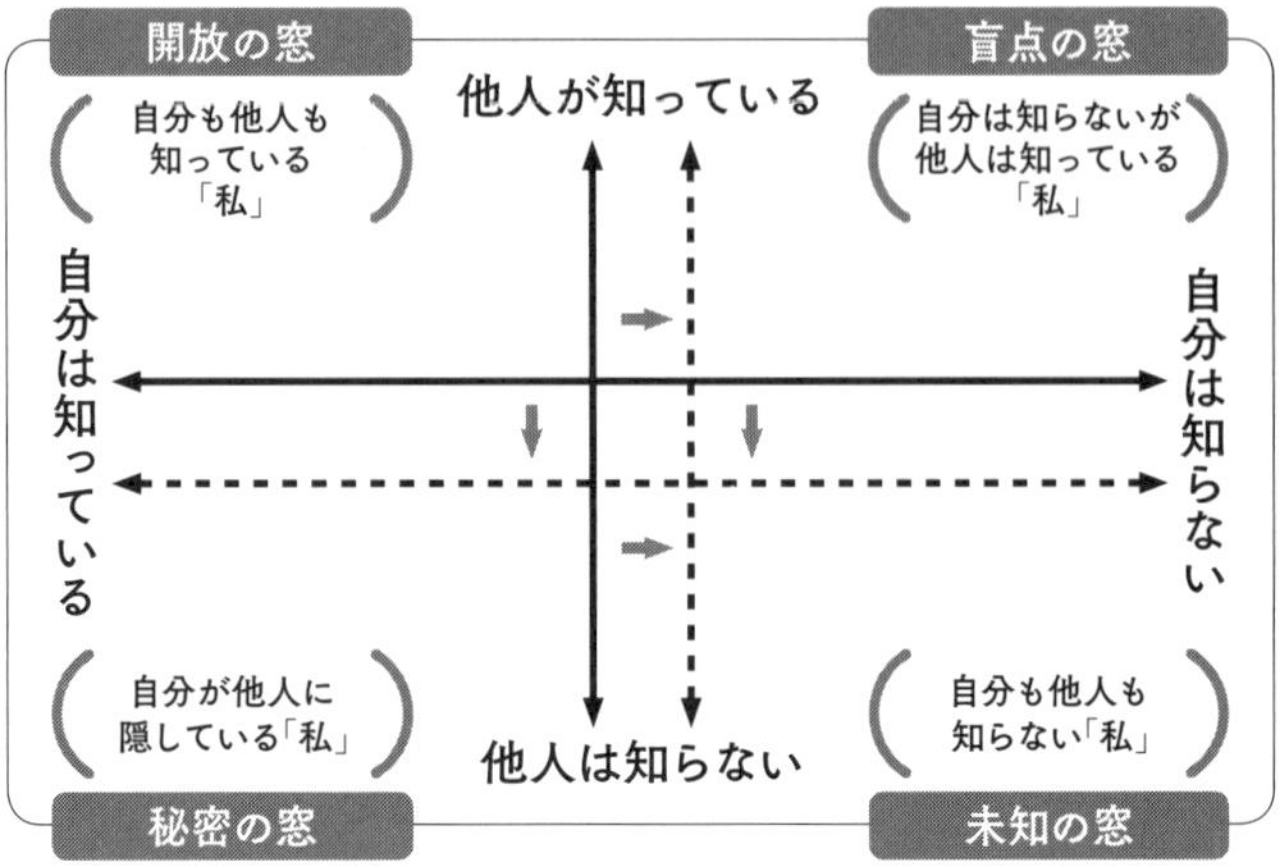

開放の窓：自分も他人も、よく知っている窓
盲目の窓：自分では気づいていないけれど、他人には知られている窓
秘密の窓：自分だけが知っていて、他人には知られていない窓
未知の窓：自分も他人も知らない窓

人には誰でもこのように4つの窓があります。「開放の窓」は、自分も他人も知っている窓で、顕在的な能力と言い換えることができます。この部分を広げていくことは、自分の能力を顕在化させ、自分にも人にも認めてもらうということになります。

この「開放の窓」を広げれば広げるほど、「未知の窓」の範囲が狭まり、未知の自分が顔を出します。したがって「開放の窓」をどんどん広げていくべきなのです。

どうすれば「開放の窓」を広げられるかというと、**まずは「盲目の窓」を小さくすることです。**自分では気づいていないけれども、他人には知られている自分の能力や個性を、受け入れ、認める。そうすることで「盲目の窓」の範囲が狭くなります。

「盲目の窓」を小さくするには、他人が自分にものを言いやすい雰囲気を、自らつくることが大事です。**つまり「聞き上手」になるということ。**

自分にとってはあまり耳触りのよくない、厳しい指摘をされることもあるかもしれません。「自分はそんなんじゃない」と反対したくなるかもしれませんが、それが他人から見えている自分の姿なんです。他人から見た自分のイメージをそのまま受け入れる、認めることで、「盲目の窓」が開かれることになります。

次に、「秘密の窓」を小さくしていきます。これは、隠していた自分を開示していくことです。これまで人に言うことのなかった自分の感情や意見、個人的な経験、欲求、自分の過去・現在・未来について、他人の評価をおそれずにありのままに伝えてみましょう。

このようにして自分が気づいていない窓と、自分だけしか知らなかった窓を開いていくことで、「未知の窓」は小さくなっていき、「開放の窓」が広がります。

「未知の窓」や「盲目の窓」には、邪道の自分が隠されているかもしれません。それを知り、開放し、王道とミックスさせることで、魅力ある新しい自分ができあがるのです。

イラッとした人には自分が投影されている

自分のなかの邪道の部分、つまり個性や自分らしさを発見するヒントは、心がざわついた人やコトにもあります。

最も心がざわつく瞬間、それは嫌いなタイプの人に遭遇したときではないでしょうか。

四六時中しゃべっているような人に出会ったとき、「うるさいなぁ。こういうタイプは苦手だな」と思ったら、それはヒントです。もしかしたら、「同族嫌悪」かもしれません。

同族嫌悪というのは、自分と似たタイプの人を嫌いになること。

この場合、しゃべっている人を嫌いになった自分は、いつもは物静かであまりしゃべらない人なのかもしれません。ということは、四六時中しゃべっている人とはまったく似ていない、むしろ正反対の性格で、同族とはいえない気がしますよね。

しかし実は、根っこの部分で同族という可能性もあります。

たとえば私は短気な人がとても苦手です。短気な人は険悪な雰囲気を出して場の空気を壊すからです。そして私自身は、短気ではありません。ほとんど怒りを表に出すことはないからです。

ただ実は、私の中に短気な一面も強くあるというのは事実です。子どもの頃、若い頃などは短気でカッとなる性格でした。しかし、短気であることはよくないこととして教育されてきましたから、今ではそれを抑え込むことに成功しています。

その結果、短気な人を見ると、「自分はこのように短気を抑えているのに、あいつはなんで抑えられないんだ」と感じてしまう。これはまさに同族嫌悪です。

似ても似つかない性格の人と接して、イラッとしたり、生理的に受け付けなかったりするのは、実は同族嫌悪であることが多いのです。

したがって、イラッとする人を見たときは、それが自分の映し鏡である可能性が高い。そして、その人を攻撃することは、すなわち自分を攻撃していることになります。これは自己肯定感を下げる行為なのでやめたほうがいいのです。

ではどうするかというと、**受け入れるしかありません。**

「あいつの短気なところ、嫌いだな」と思ったら、次の瞬間に「でもあれは自分かもしれない」と考えてみます。そうすると、「怒るのも仕方がないか」「何か原因があって怒っているんだろう」と受け入れることができます。

それが自分を許し、受け入れることにつながります。すでに説明したセルフ・コンパッションですね。**イラッとした人に遭遇した人は、むしろ心の成長を得られるチャンスだと思うといいでしょう。**

Point

王道に邪道を加えることで個性的で魅力的になる。
王道×邪道で「開放の窓」を広げていこう。

凡人の人生が劇的に変わる出会いの技術9

謝り上手ほど「また会いたい」と言われる

素直に負けを認められる人になろう

人から「また会いたい」と思われる人の特徴は、甘え上手、人に頼るのが上手、そして謝るのが上手。

先日、ネット衣料品通販大手ZOZOの創業者で前社長の前澤友作さんがテレビ番組に出ているのを見ました。彼も謝るのが上手だなと思いました。

前澤さんといえば、元彼女である女優さんとの破局や宇宙旅行の件で話題になりましたが、番組内でもそのあたりのことが触れられて、「それって前澤さんのエゴですよね」などと、やや厳しめにツッコまれていました。

普通ならば反論してもよさそうなものですが、彼は「そうですね。すみません」とすぐ謝っていました。おそらく、負けても大丈夫という自信があるからなんでしょう。

たとえば子どもと相撲を取ろうと思ったとき、わざと負けて子どもを喜ばせてあげますよね。あれは負けても自分の価値が下がらないことがわかっているからです。

しかし、もし同じくらいの体格の大人と相撲を取ることになったら、負けまいとして力を出してしまうでしょう。負けると自分の価値が下がってしまい、くやしい思いをするからです。

そこで考えたいのは、負けたら本当に自分の価値が下がってしまうのかということ。実はそんなことはないんですよね。**負けたからといって、その人の価値が上がったり下がったりすることはありません。**

プロスポーツやプロの将棋・囲碁といったシビアな勝負の世界に生きている人なら別ですが、多くの人は、勝ち負けが即その人の価値の後方にはつながることはないはず。そう考えると、素直に負けを認めることができるのではないでしょうか。

負けを認めるということは、相手を勝たせるということ。自分が負ければ相手を気持ちよくさせられるわけですね。

そして、ここからが人間関係の面白いところで、**負けてあげると「好意の返報性」**

が働きます。

人から何かをしてもらったら、その人にお返ししなければならないという心理で、今度は相手が負けてくれるようになります。

そんなふうにいい循環が生まれれば、人間関係はよりよくなります。**他の人に引き上げてもらいたいと思ったら、勝たないほうがいいんです。**

負けられない人は自己肯定感が低い

「でも、やっぱり負けられない」「負けず嫌いだから、誰にもどんな勝負でも負けたくない」、そんな人もいることでしょう。

負けを認めること、負けを受け入れることができない人の理由を考えてみます。

その背景にあるのはやはり、自己肯定感の低さです。自己肯定感が低いと、負けたことによってさらに自分の価値が下がると感じてしまいます。だから絶対に負けたくないと考えるのです。

そもそもなぜ自己肯定感の低い人になってしまうのか。その原因のひとつは、結果だけを求められてきたという過去の経験にあります。

■承認のピラミッド

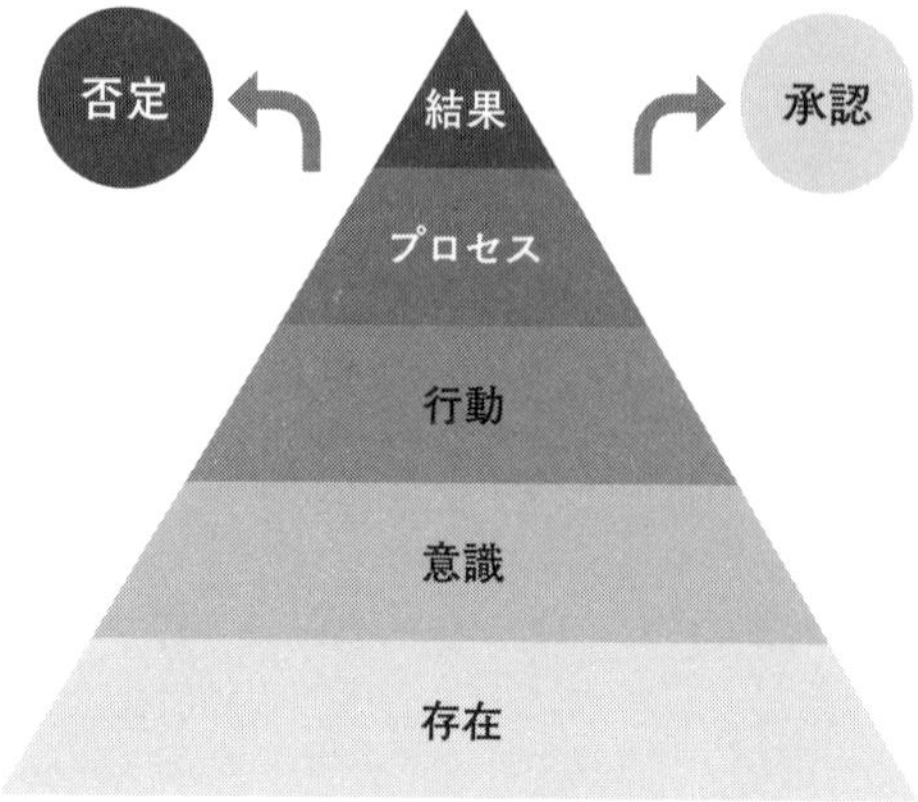

なぜ、結果だけが求められてきた過去が、自己肯定感の低さにつながるのか。それは、上の図の「承認のピラミッド」を見ればよくわかります。

このピラミッドのいちばん上は「結果」です。「結果」が承認されるか否定されるかという段階です。もちろん、承認されればうれしく感じます。

多くの人は、この部分、「結果」だけを求められてきました。だから、「結果」が出ない場合は否定されてしまう。しかも「結果」が出ないことだけでなく、その下にある、プロセスや行動、意識、存在までも一緒に否定されてしまうわけです。これは非常に悲しいことであり、自己肯定感を低下させる原因となります。

本来は、「結果」がダメであっても、その下にある「プロセス」や「存在」までも否定される必要はありません。しかし、「結果」だけを求められてきた人は、「結果」が否定されたことで、すべてが否定されたように感じてしまうわけです。

一方で、最も下の土台部分に当たる「存在」を承認することとはつまり、「あなたがいてくれるだけでいい」という状態です。もちろん、結果やプロセスがどうであっても否定されることはありません。

自分の存在を承認してもらった人は、非常に自己肯定感が高くなります。

では、結果だけを求められて育ってきて、自己肯定感が下がってしまった人はどうすればいいのか。それは自分で自信を取り戻すしかありません。このピラミッドのように、**結果がダメであっても、プロセスがダメであっても、あなたという存在は揺らがないと認めることです。**

他人から認められても、認められなくても、お金をたくさん持っていても、持っていなくても、あなたという存在の価値は変わりません。そう自分のことを認めてあげられる人が自己肯定感の強い人です。

自己肯定感の強い人になれば、気持ちよく人に負けてあげることができます。

アンダースタンドの法則で人を動かす。

負けることの重要性をもう少し説明していきます。

コップの上に紙を置いて、その紙を動かしてみるとどうなるでしょうか。紙だけがコップから外れるだけで、コップの位置はまったく変わりませんよね。

しかし、紙の上のコップを置いて、紙を動かしてみたらどうでしょう。紙と一緒にコップが動くことになります。

人間関係もこれと似た部分があります。

自分が人の上に立って、下の者にあれこれと指示を出そうとしても、思い通りに動かすのはなかなか難しい。だからこそ、経営者やマネージャーは苦労するわけですね。

ではどうすればいいかというと、**自分が下に入ればいい。**自分が相手よりも下の立場になって、上にいる人を持ち上げて、上にいる人の役に立つことができれば、一緒になって動くことができます。

これが「アンダースタンドの法則」です。「下」に「立つ」からアンダースタンド、つまりダジャレですね。

下に立つというのは、おべっかを使ってゴマをするということではありません。相手をリスペクトし、相手を心から立ててあげるということ。それができれば、上に立った相手は心を開いてくれます。

アンダースタンド（understand）は英語で「理解」という意味。すでに説明した通り、人間関係においては、相手に「共感」し、共感できなければ「理解」することで、信頼関係を構築することができます。

自ら負けて、下の立場になって相手を支え、立場を立ててあげることが、「理解」につながり、コミュニケーションを促進するというわけです。

なぜ赤ちゃんは挫折せずに歩けるようになるのか

あなたは「劣等感」を持っているでしょうか。劣等感がまったくないという人はあまりいません。みんな何らかの劣等感を持っています。

劣等感は持っていて当たり前ですから、「自分は劣っている人間だ」とか、「自分は劣等感だらけだ」などと自分を卑下する必要はありません。**時に劣等感はパワーにも**

なるからです。

赤ちゃんがなぜ、歩けるようになるのか考えたことがあるでしょうか。それはおそらく、赤ちゃんに健全な劣等感があるからです。

ハイハイをできるようになり、目もだいぶ見えるようになってから赤ちゃんは気づきます。

「周囲の人は立って歩いている。自分もあんなふうに歩きたい」

ただそれだけの純粋な動機で、歩くための練習を始めます。

つかまり立ちをして、立とうとして、でもバランスが取れなくて転んで、頭を打ったり顔を打ったりして泣きます。それでも立ちたいという思いがあるので、諦めずに何度も挑戦します。

あきらめずに挑戦した結果、少しずつ歩けるようになるということです。

このように劣等感というのは、もっと成長したい、向上したいという「優位性の欲求」を呼び起こすものなのです。

「負けてくやしい」「他人にはできるのに、自分にはできなくて情けない」「あの人にはあるのに、自分にはないことがうらやましい」。一見、妬みややっかみのようですが、そんな感情が向上へのエネルギーに変わることがあります。それは正しい劣等感です。

ただし、劣等感がコンプレックスになってしまってはいけません。

つまり、「できない」という劣等感が、「自分は能力が低い」という考えになり、「自分が成功することはないだろう」という結論になってしまう。これは劣等感を逃げの言い訳に使ってしまっているケースです。

劣等感はあってもいい。でも、劣等感から逃げるのはよくない。

逃げるのではなく、しっかりと向き合って、もっと成長したいというエネルギーに変える。そんな赤ちゃんのような純粋な感情を思い起こしてみてはいかがでしょうか。

Point

自己肯定感が高い人は負けを認められる。負けを素直に認める人の元に、人は集まる。

凡人の人生が劇的に変わる出会いの技術10

無意識に好かれる人になるために

なんとなく「好き」をつくりだすエモーショナルリンク

人と人とがつながる大きなきっかけとなるのは、感情です。

自分の感情と相手の感情がつながり、共振したときに、相手を好意的に思い、「一緒にいたい」と思うようになります。**これを「エモーショナルリンク」といいます。**

「共振」というのは物理的な現象のこと。それぞれの物体には本来持っている振動の周期というものがあります。この周期と、物体に外から与えられた別の振動の周期が合致することで、さらに大きく振動することになります。これが共振です。

たとえば地震において、高層ビルの揺れの周期は、地震の長い波長の揺れと一致しやすく、共振が起こると建物が長く大きく揺れることになります。

心理的にもこれと同じようなことは起きます。よく使われる表現では「波長が合う」と言いますね。波長が合う人と一緒になると、どんどん楽しくなってきて喜びが増していきます。

ではなぜ、相手と「波長が合う」と感じるのか。それは理屈ではなく、「なんとなく」です。人は、「なんとなくあの人とは合う」「彼と一緒にいるとなんだか楽しい」、そんなふうに理屈もなく、波長が合う人を認識しています。

つまり、相手にとって「なんとなくいい感じ」「波長が合う」と思われる人になれば、エモーショナルリンクが形成され、あなたの力になってくれたり、あなたを上に引き上げてくれたりするのです。

誰とでも波長が合う人の最高峰にいるのが赤ちゃんでしょう。赤ちゃんのことは、誰もがかわいいと感じますよね。

なぜ赤ちゃんがかわいいのかといえば、「無」だからではないでしょうか。自分ひとりでは何もできない、非常に弱い存在ですから、「無」になってあらゆることを受け入れるしかできません。

心を「無」にしてウェルカムな態度でいられるから、誰とでも波長が合い、「かわいいな」と思われるということです。

そんな赤ちゃんから私たちが学べることは、意図的に「無」になることです。**「無」になって相手と波長を合わせようとすることです。**

具体的にどうするかというと、すでに説明した「観察」「理解」「同調」です。これを繰り返すことで相手とラポールを築き、相手との距離を縮めることになります。その結果、共振が生まれ、相手に好かれる存在になれるというわけです。

損して得を取る生き方が、結局得をする

エモーショナルリンクを形成し相手から無意識に好かれる存在になるためには、「損して得とれ」も大事です。

損をしたくない、自分に相手が合わせてほしい、と意固地になっていると、相手にギブをすることができません。ギブすることができないと、得られるものもない。

「笑われたくない」「失敗したくない」「時間をムダにしたくない」などと考えて、損をしない選択ばかりを優先していると、実際に損をすることも少ないですし、損をすることによってストレスを感じることもないでしょう。

しかし、人間関係においては、損をしない選択だけでは発展性がありません。**一回の得をとったところで、相手との関係はそれっきりになってしまう。反対に損をして相手に貢献すれば、その相手との関係は続いていきます。**

「損して得とれ」の最たるものといえるのが、会社における飲み会や忘年会ではないでしょうか。

年末年始になると「忘年会スルー」が話題になるほどに、若い社会人にとっては、会社の飲み会や忘年会をいかに避けるかが課題となっているようです。

確かに、「会社で毎日顔をつきあわせている人とプライベートの場でも会いたくない」「仕事が終わったら自分の時間を大切にしたい」「先輩や上司の話につきあうなんてムダ」、そんなふうに考える気持ちはよくわかります。

とはいえ、一見ムダに思えることのなかにも、ムダではないことがあるのではないでしょうか。

先日、テレビのニュース番組で、サラリーマンにインタビューしているシーンがありました。居酒屋で飲んでいるサラリーマンのグループに「忘年会は必要か、不要か?」を聞いていたのですが、同じグループ内でも意見は分かれていました。

「時間とお金のムダだからいらない」「自分は下っ端だから雑用係になってしまうだけ」などと否定する人もいれば、「普段しゃべる機会のない上司などと話すことができる。お酌のついでにしゃべればいい」などと前向きに答えている人もいました。同じ忘年会でも、受け止め方によって、得られるものが変わってくるのです。

仕事のつきあいとしてのゴルフなども同じかもしれません。取引相手がゴルフをやっていると聞いたとき、「そうですか。自分はゴルフはやりません」では、話が終わってしまいます。

「ゴルフってどこらへんが楽しいんですか？」「やったことないんですが、練習するとしたら何から始めればいいんですか？」「今度、連れて行ってくださいよ」といったかたちで、「観察」「理解」「同調」を示していけば、相手との関係は深まります。

さらに実際にやってみたら面白いと感じ、新たな趣味のひとつになるかもしれません。ゴルフをする時間やお金を損することになりますが、人間関係の構築や趣味の充実といったメリットを得ることができるかもしれません。

もちろん、面白くないと思ったらやめてもいいんです。でもやる前から、「どうせ面白くないからやめておこう」はもったいない考え方です。

それに、損することや失敗することって、人を喜ばせる話のネタになるんですよね。

どんどん損してネタをたくさんストックするといいのではないでしょうか。

「我慢」と「辛抱」は違う。辛抱で乗り越えよう

「損して得とれ」というアドバイスをすると、「なぜそんな我慢をしてまで、人につきあわなければならないんだ」と反論する人はいます。

そんなとき私は、こうお伝えしています。「確かに、我慢は身体によくありませんが、考え方次第ですよ」と。

「我慢」ではなく「辛抱」だと思えばいいということです。このふたつの単語、意味合い的には似ていますが、明確に違いがあります。

「我慢」というのは、本当はしたくないことを、相手に合わせて受け入れるということです。相手基準の考え方になります。

一方「辛抱」は、自分のためです。気が進まない部分もあるけれども、これをやっておけば必ず将来自分のためにある。だからこの場は踏ん張ろう。そういう心境です。

最近、「好きなことだけをすればいい」「好きなことだけをして生きていればつらく

ない」などと、自由に生きることをすすめる風潮があります。それにはおおむね賛成なのですが、好きなことだけをしていればつらいことなんて何ひとつない、とは思いません。

たとえば、自分の好きな分野で独立起業したら、それだけで何でも楽しいでしょうか。そんなことはないですよね。それぞれの局面でつらいこと、面倒くさいことはいっぱいあるわけです。先々の保証がないから不安にもなります。

それでも自分の好きなことをやっているから充実感があるし、自分のためでもあるから辛抱できます。

大切なのはそういう心持ちなんだと思います。**誰かのためにやる「我慢」には限界はあっても、自分のためにやる「辛抱」なら耐えられる。**その先に未来があるからです。

そう考えると、あまり得意ではない飲み会に行ったり、経験したことのないアクティビティに誘われて行ったりすることも、辛抱する局面のひとつと感じられるのではないかと思います。

成功者は忙しい。だからスピードを合わそう

成功者や自分の憧れの存在とお近づきになり、自分を引き上げてもらうにはどうすればいいのか、というのがこの本のテーマです。

成功者とお近づきになりたいと思ったときに、特に気をつけなければならないのがスピード感です。成功者のスピード感はとにかく速く、それに追いついていかないと、振り落とされてしまいます。

たとえばメールのやり取りひとつとってもそうです。成功者はいろいろなものに追われてとにかく忙しい。分刻みでスケジュールをこなしていることも多いでしょう。

そんな人からもしメールやLINEが来たら、とにかく即レスしましょう。スピーディーに返信することが大事です。

もちろん内容によっては、じっくりと検討してから、あるいは情報収集してから返信しなければならないものもあります。

その場合でも、まずは「承知しました。調べてからまた連絡します」と返信しておきます。そうすることで、忙しい相手は、「ああ確認してくれたんだな」と安心感を覚えます。

「完璧な情報としてまとめてから送らなければ」と、メールの返信に時間をかけてしまう人がいますが、これは忙しい相手にとって、非常にストレスになります。

その結果、「この人とはペースが合わないな」と思われてしまいます。スピードが重要なビジネスの世界では、完璧さよりもまず反応が大事なのです。

お気づきかもしれませんが、これは〈準備編1〉でもお伝えした「ペーシング」の一種です。

ペーシングは声のトーンや呼吸、話すペースを相手と合わせることですが、メールの返信スピードについても同様に、相手に合わせることが心地よさを感じさせるためのコツです。

成功者に気に入られるためには、成功者のペースに合わせることが大事なのです。

Point

相手にとって「なんとなく好き」と思われる存在になるには、積極的に波長を合わせていく行動が大事。

凡人の人生が劇的に変わる出会いの技術11

エゴや怒りはギフト 自分を知るきっかけになる

エゴは自分自身を見せてくれるギフト

誰か信頼関係を構築しようとするなかで、自分のエゴに悩んでしまう人もいるかもしれません。

「私はこんなに努力しているのに、あの人はわかってくれない」

「私はあの人を愛しているのに、あの人は私を愛してくれない」

このようなエゴが自分のなかに生じると、恐れや絶望、不安、不満などの感情が湧いてきて、行動が邪魔されてしまいます。何も行動する気力が起きなくなったり、あるいは突飛な行動をして他人に迷惑をかけてしまったりします。

私たちはこのようなエゴをどうすればいいのでしょうか？

まず知ってほしいのは、エゴ自体は悪いことでも何でもないということです。

たとえば、「私はあの人に愛されていない。もっと愛してほしい」というエゴにとらわれているとき、実は、本当に愛されていないのではなく、相手に対して同族嫌悪を抱いているだけということも多いのです。

そんなとき、自分は「もっと愛してほしい」という思いを感じていますよね。これは、自己主張が強くわがままな相手に対して、いら立ちを覚えている状態です。つまり、「自己主張を抑えて、もっと私のことを理解して、愛してほしい」と考えているのです。

しかし、同族嫌悪ですから、あなた自身が相手と同じ性質を持っています。つまり自己主張が強く、わがままなタイプなのです。

でもそんな自分のわがままを抑えて、相手に合わせるよう努力している。だからこそ相手の自己主張の強さ、わがままが余計に気になり、イラだってしまう。そして、「なぜ愛してくれないのか」「もっと愛してほしいのに」というエゴが発生するわけです。

ではこのエゴをどう処理すればいいのか。**それは、ありのままに受け止めるということです。**

相手に対してエゴを出している自分も、相手に気に入られようとエゴを抑え、我慢しているのも自分です。コインの裏表のように、どちらも自分の正体です。であれば、どちらも自分の両面として、気づき、受け止めればいいのです。そして、時には素直な自分に戻ってみるのもいいでしょう。

たとえば、今までわがままを抑えてきたけれども、結果はうまくいっていないなら、思い切ってわがままになってみればいい。短気を抑え込んで損しているような気がするなら、短気になってみればいいんです。

自分のことを知った上で、自分のことを認めてあげましょう。元の姿に戻ることで、悪循環から抜け出せるかもしれません。

そう考えると、自分のエゴは、自分の正体を教えてもらうためのギフトだと感じられるようになります。

腹が立つことを言われたら、人間関係を深めるチャンス

自分のエゴに気づいたときだけでなく、人間関係において腹が立ったときなども、自分自身の問題に気づかせてくれるチャンスだととらえるといいでしょう。

たとえば私の場合、会社を設立してひとりで仕事をしています。サラリーマンではないので、当然、収入は安定していません。妻に「収入が安定していない」「先行きが不安」などと指摘されると、頭にきます。

「お金のことをつべこべ言うな」「うるさい。わかってるよ」。そんなふうに反論したこともあります。

しかし、このように自分が反応するということは、自分にとって都合の悪い、痛いところを突かれている証拠です。自分でも収入が不安定で不安であることを薄々わかっているからこそ、妻の指摘に対して腹が立つわけです。

そう考えると、妻の指摘は逆にありがたいと思えてきます。「自分は収入が安定しないことに対して不安を感じている」と気づかせてくれているからです。

私に「うるさい」などと言われるのは、妻としても本意ではないでしょう。それでもあえて悪役になって厳しい指摘をしてくれているのです。

そこに気づけると、怒りを感じるのではなく、素直な気持ちで相手に相談することができるようになります。「そうなんだよ。実は不安もあるんだよ」というふうに。

そのように素直に胸の内を吐き出せば、さっきまでは厳しい口調で指摘してきた相手が、励ましてくれるようになります。その結果、よりよい人間関係をつくることもできるのです。

誰かに何かを言われて腹が立ったら、「私の中にある問題を指摘してくれているんだな」と思うようにしましょう。そうすればいら立ちもおさまるはずです。

嫌いな人も自分を成長させてくれる

嫌なことを言われるのと同様に、嫌いな人に会うことも、楽しいものではありません。**でも考えようによっては、それも自分を成長させてくれる貴重な経験になります。**

音楽プロデューサーの秋元康さんが以前テレビでこんな話をしていました。

秋元さんには大嫌いな人がいるのですが、年に1回必ずその人とご飯を食べに行くようにしているそうです。

なぜわざわざそんなことをするかというと、「嫌いな人は自分と似ているか、正反対かのどちらかだから、嫌いな人と会うことで、自分自身を見つめ直すことができるから」だとか。さらに、「たとえ嫌いな人でも一緒に食事をするわけだから、会話を弾ませてその場を楽しまないといけない。それがコミュニケーションの訓練になる」とのことです。

秋元さんのように成功している人でも、自分自身をより深く理解することやコミュニケーション能力を向上させることに努めているわけです。

なかなかマネできないことかもしれませんが、人間関係に対する前向きな姿勢は大変参考になりますね。

Point

自分自身のエゴや誰かに対する怒りは、自分を知る機会。考え方を変えれば相手と関係を深めるチャンスにもなる

準備編3

人に出会い、モテる環境を手に入れる

~自分自身を見つめて、解放しよう~

Chapter. 3

凡人の人生が劇的に変わる出会いの技術12

環境が人を創る。ならば環境を整えよう

環境が人を創る。最大の影響は「親」から

この〈準備編3〉では、環境づくりについて考えてみたいと思います。

「環境が人を創る」と言われています。心理学的には諸説ありますが、6歳までに人格形成の85%が終わるとされています。

幼少時代の記憶や経験で人格や価値基準がつくられ、その後の人生を支配することになるわけです。そして当然、子供の頃に形成された人格や価値基準を変えるのは難しい。

人格に最も大きな影響を与えるのは親です。生まれたとき、無力でニュートラルな赤ちゃんだった私たちは、親に依存しなければ生きられませんから、親に似るのは当

然なわけです。

私でいえば、新潟県のある街で斉藤家の長男として生まれました。そして、両親から教えられた価値基準やルールを、意識的にも無意識的にも受け継いで、大人へと成長しました。

親から教えられた価値基準がベースにありますから、それ以外の価値基準に触れるとビックリすることがあります。

たとえば結婚してから、義理の両親が、まだ小さかった私たちの子供（義父母からすれば孫）に対して、正月に1万円のお年玉をくれたことがあります。子供の頃にそんな大金をお年玉でもらったことがない私は、非常に驚きました。

それをぜいたくだと感じるかどうかは、各自の価値観の違いですが、とにかく、**自分のスタンダードは幼少期につくられるということです。**そこをまずは認める必要があります。

親の呪縛を自ら解く大切さ

私たちはよくも悪くも親からの影響を大きく受けています。場合によっては親が、自分の夢や目標の達成を妨げるドリームキラーとなることもあります。

親は、自分の信じていることを子供に伝えたりアドバイスしたりしますよね。そして、自分の言うことに子供が従ってくれるとうれしいし、安心します。

しかし反対に、自分が言ったことを子供が受け入れず、別のことをやりはじめてしまうと、途端に不安になり、それを妨げようとします。

たとえば、たくさん勉強をして難易度の高い大学に入ることが絶対の正義だと思っている親は、子供に対してもそれを要求します。

そして、子供が「料理人になりたいから高卒で働きたい」などと言い出したら、猛烈に反対するわけです。

もちろん親としては、子供のためを思って反対しています。自分の価値観にない世界をこわがり、そこに脚を踏み入れようとしている子供のことが心配なのです。愛しているからこそ、ドリームキラーになってしまうということです。

子供もその意図をわかっていればいいのですが、たいていの場合は、「親の心子知らず」です。自分の夢を反対されたことに対して、「親の愛」ではなく、単に「邪魔された」と受け取ってしまう。

このように親がドリームキラーになってしまった時はどう対応するか。**そのときは、親には申し訳ないと思いつつ、自分の信じる道を進むしかありません。**

新しい環境に飛び込み、新しい体験・経験をして、これまで触れたことのない文化・価値観に触れることによって、新しい習慣が身につき、考え方が変わり、結果が変わります。

親の呪縛にとらわれていたら、いつまでたっても新しい体験ができません。親の環境から脱出しない限りは、自分をもう一段上に成長させることは難しいといえるでしょう。

ただし、親の価値観や考え方が呪縛となるかどうかは、子供本人の受け止め方次第です。

「親に自分が否定された」「親に夢を邪魔された」と思っていれば、親の言うことは呪縛になります。

しかし、「親には親の考えがあって、自分を思って指摘してくれた」「自分のためにアドバイスをしてくれた」と思えば、それは愛だと感じられます。**愛だと気づくことができれば、呪縛は感謝に変わります。**

呪縛が愛に変われば、さまざまな悩みから解放される

大人になって、「自分は何をしてもうまくいかない」「自分に自信を持てない」とこじらせている人の原因は、たいていここにあります。**つまり、親が呪縛となってしまい、そこから逃れられていないのです。**

一見、親とはまったく関係ないことで悩んでいる人でも、カウンセリングをしていくと、結局は親との確執という問題が根底にある場合があります。「自分は親に愛されなかった」「何もかも反対された」という勘違いをしていることが多いのです。

そのように、親の呪縛が原因で物事がうまく行っていない人に私は何度かアドバイスをして、問題を解決してきたことがあります。

たとえばある若い女性でこんなケースがありました。彼女の最初の相談は、職場環境についての悩みでした。

女性「職場の人が仕事をきちんとやってくれません。みんないい加減で困るんです。きちんとやっているのは私だけなのに、私は評価されないのがくやしいんです」

斉藤「じゃあ、あなたもちゃんとやらなければいいよ。適当にやったら？」

女性「そんなこと、できません」
斉藤「なんで?」
女性「仕事なんだから当たり前です。できるわけありませんよ」
斉藤「それで毎日楽しい?」
女性「楽しくなんてありません。つらいです」
斉藤「試しにぐうたら生きてみたら? そして親に言いたいことを言ってみよう」

急に親の話が出てきて彼女はビックリしていました。詳しく聞いてみれば、やはり彼女も親との関係に問題があったのです。

彼女の親のしつけは厳しく、彼女は幼少の頃から、「ちゃんとしなさい」と言われて育ってきました。彼女もその言いつけを守り、きちんと勉強をして、真面目に生きてきた。真面目にしなければ親から愛されないと思ってきたのです。

しかし、それは勘違いであると私は指摘しました。

そこで彼女は、このことを思い切って親に言いに行きました。すると、親は驚きました。

親が言うには、「自分にとって初めての子どもで、きちんと育てなければというプレッシャーで厳しくあたってしまった」とのことでした。

つまり、親と子がお互いを愛するあまりに、プレッシャーを感じながら20数年間過ごしてきたわけです。

親の厳しい躾が愛だったと知り、実はそんなことを守らなくても、親の愛を受けられたということが理解できた彼女は、ほっとすると同時に力が抜けました。

そして、ちゃんとしない職場の同僚に対しても、寛容な態度で接することができるようになりました。

親と対話してわだかまりを解消するというのは荒療治ですが、効果のある方法です。

親の呪縛について思い当たる節がある人は、思い切って試してみるといいでしょう。

クセを直し、いい習慣を身につけるスモールステップ

考え方、価値観だけでなく、無意識に行っているしぐさや、口グセも、親兄弟・友人などの環境に影響されて身につきます。

親しい仲間内で口グセが似てくることってありますよね。あれもやはり環境による影響といえるでしょう。

たとえば私は以前、寝ているときに歯ぎしりをすることはなかったのに、歯ぎしりをする女性と付き合っている最中は、つられて自分も歯ぎしりするようになりました。意識の上ではまったくコントロールできないようなクセも、近くの人に似てくるということがあるわけです。

あなたにも、ついやってしまうけれども直したいと思っているクセがあるかもしれません。それを直す方法について説明します。

クセというのは、自分のいる環境のなかで長い時間かけて培われてしまったものですから、自分で変えようと思っても変えられるものではありません。したがって、自分の頭にあるデータを上書きする必要があります。

クセを変えようと意識して行動しても、2、3日くらいで直ることはないでしょう。頭のデータを上書きするために必要な期間は21日間と言われるからです。21日続ければ、クセは直るし、自分にとっていい習慣を身につけることもできます。

新しい行動を21日間続け、それを習慣化するために大切なことは、「スモールステップ」です。つまり、できることから、少しずつ始めるということ。

たとえば、朝寝坊しがちでつい会社に遅刻してしまうというクセ（悪い習慣）があったとします。これを直すには、朝型人間になって早起きすればいい、というふうに考えがちですが、それは難しい。大きな変更というのは、脳がなかなか受け入れてくれないからです。

そこでスモールステップです。この場合、考えられるステップとしては、「就寝時間を1時間早める」です。いつもより少し早く寝るのであれば誰でも簡単にできます。そして、早く寝れば、早く起きやすいといえます。

大事なことは、21日間続けるということ。そのために、スマートフォンのリマインダーに寝る時刻を設定するなどして、一度決めたことを守るようにします。

そして、実際に早く寝ることができたら、自分を褒めてあげます。できなかったとしても、自分を罰する必要はありません。また明日から続ければいいのです。

このようにして21日間続けると、歯みがきの習慣と同じで、「やらなきゃ気持ち悪い」状態になります。

「読書をする」という習慣を身につけたい場合も同じです。ふだんあまり読書しない人が「1週間に1冊読む」といった目標を立てても、実践するのは難しい。でも、1日1ページくらいなら読めますよね。これもやはりスマホのリマインダーを使って、読書の時間に通知が来る→1ページ読む、ということを繰り返していくうちに、習慣化します。

しかも1ページを読み始めたら、2、3ページと読んでしまうのが普通ですから、結果的に1週間に1冊くらいは読めるようになります。

靴をそろえる、トイレを使ったら便座のフタを閉じる、朝起きたら布団をきれいに直す、笑顔を意識する、誰よりも先に挨拶する、などなど、ちょっと意識すればできることを、習慣化してみましょう。

コツはスモールステップで、スタートはできるだけ小さく始めること。21日間続けたら、その先はどんどん加速するはずです。

意識と無意識をくっつけて、理想の結果を呼び寄せる

この習慣化と合わせて取り組みたいことがあります。自分に暗示をかけることです。**具体的には、自分がとる「行動」と、「結果」をアンカリングで連結するという方法です。**

たとえば、「トイレを使ったら便座のフタを閉める（行動）」→「成功する（結果）」

を結びつけて考えるわけです。

便座のフタを閉めることと、成功することの間には、実際は何の関連性もありませんよね。しかし、これを連結し、習慣化させることで、自分に暗示をかけることになります。

「便座のフタを毎日閉じているんだから、成功するはずだ」と思い込むようになるというわけです。

そうなれば、自然と自分が理想とする姿へと向かう行動をとるようになります。成功に結びつくような情報やアイデアだけを、意識して認識するようになっていくのです。その結果、成功に近づきます。

人には、自分が本当に興味あることや意識して情報収集しようとしていることしか、認識しないという性質があります。**これを「スコトーマ現象」といいます。**

「自分は成功するはずだ」という思い込みは、スコトーマ（心理的盲点）となり、意識が変わることで目に飛び込んでくるものや耳に入ってくる情報が変わってきます。今まで同じものを見てきたのに、前位は気づけなかったものに気づけるようになります。実際の行動をも変えます。

このように、意識で変えられる「行動」と、意識で変えられない「結果」を結びつけて暗示をかける方法は、自分自身を変えるテクニックとして有効です。ぜひ実践してみてください。

Point

自分の人格形成に最も大きな影響を与えているのは親。今の悩みの原因が、親の呪縛にあるのかどうか振り返ってみよう。

凡人の人生が劇的に変わる出会いの技術13

自分のスペックを棚卸し自分自身をコンテンツ化する

過去を振り返りスペックを棚卸しする

人にはそれぞれ、人生のなかで年輪のように構築してきた「コンフォートゾーン」があります。

コンフォートゾーンとは、日本語では「安全領域」とか「快適領域」と訳されるもので、これまでの体験、経験によってできあがった環境や考え方のこと。

人はコンフォートゾーンから外れないうちは、ストレスや恐れ、不安などを感じることなく安心して過ごすことができます。

コンフォートゾーンにいれば確かに安心で快適ですが、そのままの状態では人生に大きな変化を起こせません。安全領域の外にしか、新しい自分はないからです。

コンフォートゾーンから抜け出すには、勇気と覚悟が必要です。

自己肯定感が高い人は、自分の将来をポジティブに考えており、勇気と覚悟もあるので、コンフォートゾーンから抜け出しやすい。

その反対に自己肯定感の低い人は、常に不安なのでコンフォートゾーンから抜け出すことが難しいといえます。


コンフォートゾーンから抜け出すために必要なことは、まず、自分のスペックの棚卸しです。

生まれてから今日まで体験・経験したことを、ポジティブなものもネガティブなものも含めて拾い上げていきます。そして、自分はどんなことが得意か、どんなことで他人に貢献できるかをピックアップしていきます。

たとえば、「釣りが好き」というのもスペックです。ただし、釣り好きの人は世の中にたくさんいますので、もう少し詳細なジャンルで表現する必要があります。釣りのなかでも、特に川をフィールドとして、釣り方はフライ釣り、といったように。

また、「肌荒れで困った」という経験もスペックになり得ます。肌荒れで困ったことがある人は、肌荒れを改善する方法についていろいろ調べたことがあるはず。その知識を提供することで、誰かに喜んでもらえる可能性があるからです。

そのように自分のスペックを棚卸ししていった結果、自分ならではのコンテンツを発見できます。

「自分は人とは違うコンテンツを持っているんだ」と自覚できれば、それが自信につながりますし、コンフォートゾーンを抜け出すきっかけになります。

得意分野の組み合わせで自分自身をコンテンツ化する

自分の過去を振り返り、棚卸ししていくと、自分の得意な分野が見つかります。

たとえひとつひとつの得意分野は「そこそこ」のレベルであっても、3つくらい組み合わせると「逸材」になることができます。

たとえば、SMAPの中居正広さん。彼は、歌はいまいち。ダンスやしゃべりは上手ですが、別に一番というわけではない。しかし、歌って踊れて司会もできるアイドルとしては、オンリーワンの存在です。

私もそうです。元ナンバー1ホストで売っていますが、そんな人は実は星の数ほどいます。また、心理学を学んでいる人も、テレビに出てしゃべるコメンテーターもたくさんいます。でも「元歌舞伎町ナンバー1ホスト×心理学×テレビに出てる人」となると、他にはいません。オンリーワンの存在です。

少しでも自分の得意なところ、強みを見つけて伸ばし、かけ合わせていくと、自分に価値があるということを感じられます。

このようにして自分をコンテンツ化してみましょう。そのコンテンツを意識して育てていくことで、やがて誰にも負けない「キラーコンテンツ」を構築することができるのです。

失敗は人が喜ぶ最高のコンテンツ

自分の「失敗」も最高のコンテンツとして人に提供できるもののひとつです。「ヒーローズジャーニー」という言葉をご存知でしょうか。神話の法則と呼ばれるもので、映画に使われる定番のストーリーです。

人が映画のヒーローになぜ夢中になるのかというと、失敗するからです。一度失敗して、そこから立ち直るストーリーがあるからこそ、人々は熱中し、感動します。反対に失敗のないヒーローものの映画はヒットしません。

マンガでも同様ですね。『ONE PIECE』も『ドラゴンボール』も『進撃の巨人』も、主人公は負けたり挫折したりします。だからこそ、応援したくなります。あれが勝ち続けるヒーローだったら興味は失せます。

一度も負けないで勝ち続ける人に対して、他の人は誰も興味を示しません。でも負けて失敗する人には興味を示します。

「人の不幸は蜜の味」とも言いますが、そういう意味でも、他人の失敗は人を引き付けるのです。

「失敗は最高のコンテンツ」とはそういう意味です。

したがって、失敗したことを恥ずかしがって隠したりすることは、実はもったいない。

たとえば、SNSなどで自分の失敗をオープンにしてみるといいでしょう。そんなふうに失敗を積極的に開示していくことで、他人の興味を生みますし、応援してくれる人が現れるはずです。

しかし失敗するには、そもそも行動しないといけない。行動すれば、必ず失敗も生まれます。

そういう意味でも、とにかく行動することが大事になってきます。

Point

コンフォートゾーンから外れなければビッグチェンジはできない。
自分のスペックを棚卸しして、自分をコンテンツ化しよう。

凡人の人生が劇的に変わる出会いの技術14

動かざるを得ない環境に飛び込む

不安や劣等感を向き合って自分を追い込む

「コンフォートゾーンから抜け出し、自分を変化させよう」とアドバイスをしても、なかなかそれができない人がいるのは事実。一方、実際にコンフォートゾーンから抜け出し、思い切って変化できる人もいます。

その違いは何かというと、「追い込まれたかどうか」だと思います。よく、「英語なんて全然話せなかったのに、海外赴任が決まって現地に行ったら、なんとか話せるようになった」という話を聞きます。

それと同じように、自分自身が変わらなければ生きていけないような環境に置かれることで覚悟が決まり、火事場の馬鹿力で大きな変化が起こるということです。

本当に変わりたいと思うなら、逃げ道を断って、自分自身を追い込み、思い切って新たな道を突き進むことが大事です。

人はどんなときに行動を起こすか、その動機には主にふたつあります。ひとつは、「ハッピーになりたい」、もうひとつは「アンハッピーになりたくない」です。後者のほうが動機としては強くなります。

つまり、「このままで居続けたら、暗い将来が待っている」「これをやらなければ命が危ない」と思ったときほど、自分自身を追い込み、思い切った行動を取ることができるのです。

その感情のベースにあるのは、不安や劣等感です。でも実際の世の中って、明確な答えがないことだらけですよね。社会に出てからうまくいく人は、学校の勉強ができたかどうかではなく、いろいろなアイデアで問題解決できる人なんだと思います。

ですから、自分のなかにある不安や劣等感をまずは見つめることが大事。そして見つめた結果、明らかになった不安や劣等感を、どのようにしてプラスに転換し、乗り越えていくかを考えます。

ただし本来の目的は「変わること」であって、自分を追い込むことではありません。変わることを意識して、どうしても変われないのであれば、自分を追い込むという選択肢を選ぼうということです。

ホスト時代に、覚悟を決めた瞬間

私自身の例をご紹介しましょう。

私はすでに説明した通り、歌舞伎町でホストをやっていました。ホスト時代は売上ナンバー1を6年連続でキープしたこともあります。

しかし、最初から売上が良かったわけではありません。大学生でホストの世界に飛び込んでから半年間は、売上がゼロの日々が続いていました。イケメンでも高身長でもなく、お酒に弱く、話術もない自分を指名してくれるお客様などいなかったのです。

「歌舞伎町でホストをやれば、お金も儲かるしウハウハだ」と考えていた自分の夢は打ち砕かれ、地獄のような日々でした。

なんとかして売れようと、心理学セミナーに参加し、人の心理について勉強するものの、成果にはつながらない日々でした。

しかしあるとき、私を大きく変えるきっかけとなる出来事が起こります。

いつものように先輩ホストのヘルプについていた私は、お客さんである女性からタバコを買ってくるように言われました。ただ買ってこいというのではありません。
「あなたには何の取り柄もないんだから、せめて笑わせるために、パンツ1枚で買ってきて」

明らかに自分より年下の女性からそんなことを言われて、あまりの屈辱に、もう我慢の限界がきました。その日でホストを辞めることを決意し、破れかぶれになってパンツ1枚で店を飛び出し、歌舞伎町を走りました。

そしてタバコを買って、なんとか無事に帰って来た時の、店内の反応は予想外のものでした。店内にいた全員が大きな拍手・歓声とともに私を迎え入れてくれたのです。私に命令したその女性は、「面白い」と褒めてくれて、翌日は知り合いを連れてきて、私を指名させました。そのお客さんが私の指命第1号となりました。

あれは私の人生を大きく変えた出来事だったと思います。そして、「こんな簡単なことで人生は変わるんだ」とも思いました。

最初からパンツ1枚になるくらいの覚悟があれば、お客さんを獲得することだってできたはず。それをなぜか格好つけて、表向きの知識・情報をインプットすることだけに力を入れていた。**アウトプットすればすぐに答えは出せたのです。**

私を追い込んでくれた彼女には今でも感謝しかありません。そして、あの腹が立った瞬間に、逃げないでパンツ1枚になった自分にも、正しい選択をしたと褒めてあげたい。あの経験がなかったら、今ではまったく違った人生を歩んでいただろうと思います。

Point

人は変わりたいと思ってもなかなか変われない。自分を追い込むことがビッグチェンジを起こす。

実践編1

ワンランク上の仕事相手に出会う

〜「ソーシャル・インテリジェンス力」を身につけよう〜

Chapter. 4

凡人の人生が劇的に変わる出会いの技術15

ビジネスも恋愛も人との出会いで決まる 誰と出会うかが超重要

人生にビッグチェンジを起こすなら、価値観の合わない人と会う

準備編の次は実践編に入っていきます。実践編では、人と出会い、人との関係によって大きな成長をするために、どのような心がけや行動をするべきか、より具体的な方法を示していきます。

ビジネスの成功も恋愛の成功も、すべては誰と出会うかで決まります。人生にビッグチェンジを起こすなら、誰と出会い、信頼関係を構築するかが重要事項になります。

たとえばあなたが生まれてから社会に出るまでは、親という絶対的な存在の下、価

値観やスタンダードを身につけてきました。親の常識によって、あなたの常識がつくられてきたといっていいでしょう。社会人になってからも同様です。あなたの周辺にいる人によって、あなたという人間が形成されます。

唐突ですが、あなたが今何かに迷い、悩んでいるとしたら誰に相談しますか？　相談相手を５人思い浮かべてください。

思い浮かべましたか？　**あなたが挙げたその５人は、あなたの考え方や行動、価値観に、今最も影響を及ぼしている方々です。そしてその５人の年収を５で割った数値が、あなたのおおよその年収と近いはずです。**

それくらい、人は知らないうちに、自分と考え方や行動、価値観、経済力のよく似た人と引き寄せられ、関係を構築するということです。その人間関係はあなたにとってコンフォートゾーンということができるでしょう。

しかし、人生に大きな変革を起こしたいなら、そのコンフォートゾーンから抜け出さなければなりません。

たとえば、年収１億円を稼ぎたいなら、仲の良い５人との関係にどっぷりと漬かっていてはダメ。年収１億円の人が複数いる環境に身を置く必要があります。

自分が年収５００万円なら、年収１億円の人というのは、考え方も行動も価値観もまったく違う人です。そういう人と一緒にいることは、違和感があり居心地が悪く、時には苦痛と感じるかもしれません。

しかし、その違和感がある相手とあえてつきあうことで、新しい情報を得ることになり、世界が広がります。次第に年収1億円の人の考え方や行動の仕方が身につくようになります。その結果、自分の年収も1億円に近づいていくことになります。

好きな人、自分と似た人とだけつきあっていても、自分のキャパは広がりません。自分とまったく違う状況にある人と、出会い、つきあうことが大切なのです。

会いたい人がいるなら、まず会いに行け

では、自分とまったく異なる状況に置かれた人、自分の憧れた人と会うにはどうすればいいのか。これは私が実際によく相談される事柄でもあります。

「堀江貴文さんと会いたいんですけど、どうすればいいですか?」「キングコングの西野さんと仕事をしたいんですけど、どうすればいいですか?」など。

それについて私はいつもこう答えます。**「会う方法は知りませんが、とにかく行動に移してみては?」**と。

「会いたいけどどうすればいい？」と聞いている人に限って、行動していません。連絡をしてみてもいないのに、迷っているのです。私に聞かれたって、会う方法なんて全然わかりません。でも会いたいんだったら、まず行動してみればいいのです。

一昔前なら、有名人とコンタクトを取る方法なんて、一般人が調べるのも困難でした。でも今は、ＳＮＳやらホームページやらで、直接コンタクトを取れる時代です。会いたいならコンタクトを取ってみれば、会えるかもしれません。それすらやっていないのは、「失敗したら恥ずかしい」という変なプライドが邪魔をしているから。

もちろん相手は有名人で忙しい人ですから、会ってもらえるかどうかはわかりません。無視されたり、断られたりする可能性も高いでしょう。

それならば、相手がこちらに会ってもいいと思うように、自分がどれだけリスペクトしているかを伝えればいい。あるいは、相手に興味を持ってもらえるようなプロフィールを提示したり、面白い企画を提案したりすればいいんです。

それも1回ではなく、10回、20回とチャレンジすれば、相手も根負けして会ってくれるかもしれません。

学校の勉強のように、正解があるわけではありません。何が正解かはまったくわからない問題に対しては、ぶつかっていくしかありません。**まず正解を求めるのではな**

く、**行動しましょう。**行動した人が勝つんです。

バカになって行動した人の勝ち

ちなみにいえば、世の中の成功者はだいたい、異常なほどに行動力があります。頭がおかしいんじゃないかというくらいに、何でもかんでも、思いついたことをすぐに行動に移しがちです。そういう行動力のある成功者と波長を合わせるためにも、自分自身の行動力は高めておいたほうがいいですね。

２０１９年の年末、元ＺＯＺＯの前澤さんは、ツイッターで「【求人急募】前澤、側近求む‼　年収１０００万円以上。経営企画室の初期メンバーを１～２名募集。新事業を一緒に作りましょう！」と投稿していました。

年収１０００万円の仕事というと魅力的ですが、「どんな仕事をするんだろう」とか、「今の会社をまだ辞めていないのに応募できない」など、いろいろな不安要素が思い浮かびますよね。

でもそんなふうに考える人は常識人であって、そもそも前澤さんのノリについていけない人でしょう。

「1000万円？　面白い！　やってみよう！」と応募できる行動力のある人が、前澤さんのような人とも波長を合わせることができます。そして彼と一緒に行動すれば、億万長者の知識・考え方・価値観などを吸収できるはずです。

やる前からあれこれ心配するのではなく、まず飛び込んでみることが大事です。

名刺交換だけでは意味がない。まず電話してみる

もし偶然にも、自分の憧れの存在や、尊敬している人と出会ったらどうしますか？
もちろん名刺を交換して、挨拶くらいはするでしょう。
ただ、多くの人はそこで満足してしまいます。「あの人と名刺交換したから、もう知り合いだ」「自分の仕事のことも伝えたし、何かあったら連絡してきてくれるかも」と。

これは大きな間違い。名刺交換して、相手からの連絡を待つだけでは、相手と関係を構築することはできません。

ではどうすればいいか。**私が起業したばかりの頃は、おつきあいをしたいと思う人と会ったときには、その日中か翌日に電話をするようにしていました。**

電話したところでたいした話ができるわけではありません。しかし、電話をした相手の10人にひとりくらいは、何か用事ができたときに私に連絡してくれて、セミナーやコンサルの仕事をくれることがあります。

名刺を交換した後で、メールで挨拶してきたり、あるいはフェイスブックに申請してきたりする人はよくいます。でも、電話をしてくる人というのはなかなかいません。だからこそ他の人よりも目立つし、印象に残りやすいのです。

異業種交流会などで知り合った人も同様です。単に名刺を交換しただけでは名刺コレクターになってしまいます。電話をしてみると、相手に驚かれ、インパクトを与えることができます。もちろん昨今では「電話嫌い」を公言する人もいますから、そのあたりは注意が必要です。

Point

人と会うことが自分のキャパを広げることになる。会いたい人がいるなら、まず行動。その先に道は拓ける。

凡人の人生が劇的に変わる出会いの技術16

AI時代に求められるソーシャル・インテリジェンス

これから必要とされるのは、ソーシャル・インテリジェンス

ＡＩ（人工知能）が発展する流れは止めようもなく、これからますます、人間の仕事がＡＩに取って代わられることになるでしょう。

数年前には、オックスフォード大学のオズボーン准教授が発表した、「今後10～20年程度で、アメリカの総雇用者のうち約47％の仕事がＡＩで自動化される」との研究結果がニュースになったこともありました。

現存する職業の70％が今世紀中にＡＩなどによるオートメーションに置き換えられ

るという予想もあります。

実際に、そんな世界は進んでいます。セルフレジの登場によってスーパーなどのレジ係の仕事も奪われつつありますし、自動運転技術によってタクシーやトラック運転手の仕事は奪われそうになっています。企業の受付も、自動受付システムに切り替わるところが増えています。

がん手術という高度な技術も、すでに「ダヴィンチ」という手術ロボットに取って代わられています。前立腺がん手術のほぼ100％をダヴィンチで行う病院もあります。


そんな時代に私たちが目指すべきは、AIやロボットに代替されることのない、人間にしかできない、人間だからこそできる技術やスキルを身につけることです。

そのスキルとは、人の心を理解し、相手と良好な関係を築くコミュニケーション力です。正解の出ない問題に解答を出す力。人間くささと言い換えてもいいでしょう。

それを私は、「ソーシャル・インテリジェンス力」と呼んでいます。

ではソーシャル・インテリジェンス力を身につけるには、どうすればいいのかということになりますが、これはいろいろな経験を積むことです。

・自分と価値観の異なる、さまざまな人に会う
・世界各国のいろいろなところに出かける
・趣味や遊びを極める
・どんどんチャレンジして失敗する

そんなふうにいろいろな経験し、エピソードを蓄積することでソーシャル・インテリジェンス力は高まります。

ソーシャル・インテリジェンスのひとつ、セレンディピティ能力

何か問題が起きたときに、問題を解決するような最善のアイデアが湧くかどうか。**そんなアイデアを生み出す力をセレンディピティ力といいます。**アレンジ力、発想力、問題解決力と言い換えることもできます。

たとえば、バラエティ番組に出ている芸人さんは、いきなり話題を振られてもアドリブでしゃべって笑いを取ることができますよね。あれもセレンディピティ力の一種。

仕事や人間関係がうまくいっていない人は、このセレンディピティ力が足りない場

合が多いと感じます。なぜ足りないかというと、学校教育のなかで、答えがある問題にしか取り組んでこなかったからです。

でも実際の世の中って、明確な答えがないことだらけですよね。社会に出てからうまくいく人は、学校の勉強ができたかどうかではなく、セレンディピティ力が高く、いろいろなアイデアで問題解決できる人なんだと思います。

セレンディピティ力も、ソーシャルインテリジェンス力の一種です。

だからいろいろなことに挑戦することで、その力は高まります。特に、これまで経験したことのないことに挑戦することが大事です。

スポーツでもバンド活動でも登山でもなんでも構いません。やったことのないことに挑戦することで、自分の枠が広がります。自分がまったく経験のないジャンルには、見たことのない景色や情報があり、これまで付き合ってきた人たちとは価値観が異なる人がいるからです。

人から「バカだね」「そんなことやって何になるの?」「それ、儲かるの?」とあきれられるようなことでも、恥ずかしがらずに挑戦したほうがいいでしょう。

それをやって何かが得られるとか、儲かるとかではないんです。何があるかわからないけどやるんです。理屈で考える必要はありません。理屈じゃなくチャレンジしていくことが、セレンディピティ力を高め、ソーシャルインテリジェンス力を身につけることにつながります。

「誰と」の時代。遊びをした人が勝ち

「モノ消費からコト消費へ」というキャッチフレーズがしばしば使われます。

大量消費の時代を経て、あらゆるモノが人々に行き渡るようになった。そうなると次に求められるのはコト。つまり体験です。

モノを買うことよりも、珍しい体験、面白い体験、人に話したくなるような体験をすることに、お金を使われるようになったという消費の流れです。

しかしこの大きな流れもひと段落しつつあると感じます。そして、次に消費のキーワードとして注目されているのは「ヒト消費」です。つまり、誰と消費するかということです。

誰と集まり、誰とコミュニケーションをするかに価値が置かれ、お金が使われるようになるということ。

たとえば昨今話題の「忘年会スルー」も、せっかくお金を使うなら、会社の上司などと一緒に飲むのではなく仲の良い友達と飲みたいという、「ヒト消費」の流れのひとつといえるでしょう。

昔ながらの飲食店の形態であるスナックが注目されたりするのも、同じように「ヒト消費」の一環です。気さくで誰でも温かく迎え入れてくれるスナックのママに、客はついてくるのです。

ヒト消費の時代において、自分自身が価値ある存在になれば、自分の元に人は集まってきます。そして商品・サービスがあれば売れます。

だからこそ、たくさんの経験をして、いかに面白い人になっていくかが重要になるのです。

Point

AI時代に求められるのは、ソーシャル・インテリジェンス。人間くささを磨くことが、新時代に生き残るカギ。

凡人の人生が劇的に変わる出会いの技術17

遊びと自己投資で自分のキャパをどんどん広げよう

遊びの世界ならより仲良くなれる

ソーシャル・インテリジェンス力を高めるために重要な「遊び」は、人との距離を縮める手段としても重要です。

ビジネスの世界で、私より上の立場の人であっても、遊びの世界で私のほうが先輩であれば、私が先生になって教えたりアドバイスをしたりします。遊びの場では、仕事上の上下関係はなくなるのです。

夜の世界でも同じです。ホスト時代、私のいた店には、一流企業の男性経営者が遊びに来ることもよくありました。そんな方々と昼間に外で会えば、立場が違いますから、敬語を使ってきちんと接しなくてはなりません。

でも、夜になりお酒を飲んでしまえば彼らもただの酔っ払いのおじさんです。軽口を叩いたりツッコんだりして、楽しくフランクに飲むのが私の流儀でした。相手も夜の世界の空気をリラックスして楽しんでいました。だからこそ私は、そういった一流企業経営者の方々にもかわいがってもらうことができました。

わかりやすくいえば、マンガ『釣りバカ日誌』のハマちゃん・スーさんの関係性です。会社では社長と社員の間柄でも、釣り場に出れば立場が逆転して、釣りの師匠と弟子の関係になる。

そんなふうに遊びの世界では、仕事上の上下関係がなくなります。だから普段はなかなかお近づきになれない人とも、一気に距離を縮めることができます。遊びの効用はこんなところにもあるのです。

自己投資したお金は、何倍にもなって返ってくる。

遊びでも勉強でも何でも構いませんが、新しい経験は自己投資と思ってどんどんチャレンジすることが大事です。

ただしお金を使うときには、それが「消費」になるのか、「投資」になるのかをきちんと見極める必要があります。

単に、自己満足、自己完結で終わってしまっては「消費」です。しかし、使ったお金が知識となり、人との出会いにつながり、新たな世界を広げることになれば立派な「投資」です。

使ったお金が「消費」になるのか、「投資」になるのかは難しい線引きですが、**「投資」にするために大事なポイントは、「人と会うこと」だと思います。**

たとえば、フェラーリを買うとします。そのフェラーリをただ乗り回したり、写真を撮ったりしてひとりで満足しているだけでは、「消費」になってしまうでしょう。

しかし、フェラーリオーナー会に入り、他のフェラーリオーナーと知り合いになり、交流をするきっかけになれば、フェラーリ購入金額は立派な「投資」となります。

高級車のオーナーは当然高所得であることが多く、ビジネス上も成功している人が多いでしょうから、そういう人たちと知り合いになれるのであれば、購入代金はすぐに元が取れるようなものです。

そのように自己投資をして自分の価値が高まれば、自分の信用力が上がります。信用力はすでに説明した通り、お金とイコールです。

・自己投資をする
↓信用力が高まる
↓お金が集まる
↓また自己投資をする

こんな好循環を回していくことによって、人生はどんどん好転します。

スクール代やコンサル代は一瞬で元が取れる

私自身、自己投資にはこれまで何百万円、何千万円とお金を使ってきました。多くはセミナーやスクール、教材、コンサルタントなどに払ったお金です。

なかにはお金をドブに捨てたような気になったこともありましたが、ものすごくお得なものもたくさんありました。その割合は半々かなというところです。もちろん、自己投資をすればするほど、いいものを見る目は養われていきますが。

自己投資をたくさんしてきて最近気づいたことがあります。スクールに通ったり、コンサルを付けたりするのにかかった費用は、あっという間に回収できるということです。

それにはいくつか理由があります。**ひとつは、スクールなどで習ったことを、自分も人に教えることができるという点。**そのままパクるということではありません。自分のなかで消化し、エッセンスとして自分の仕事に中に活用できるという意味です。

もうひとつは、参加したスクールで貴重な人脈をつくることができる点です。特に、高額なスクールであればあるほど、ビジネスで一定の成功を収めたやる気のある人や、本気で何かを成し遂げたいという気迫のある人が集まってきていますから、良質な人脈づくりにはもってこいなのです。

また、スクールやコンサルを通して知り合った人と、ビジネス上でのコラボのお誘いが来ることもあります。

今まででいちばんお得だったのは、山﨑弘章さんという方のマーケティングスクールです。100万円以上もする高額スクールなので、それだけの費用を出せる人、本気で上を目指したいというやる気のある人が集まっています。

私はそこで知り合ったインターネットマーケティングの専門家と意気投合し、心理学コーチ養成講座というプログラムを新たにつくってインターネット上で提供し、1カ月でスクールの授業料を上回る金額を回収したことがあります。

そんな楽しく刺激的な出会いがあるから、自己投資はやめられないのです。今も3つくらいのスクールに通っています。

Point

遊びや学びは必要な自己投資と心得る。
思い切って投資をすれば必ず大きなリターンが得られる。

凡人の人生が劇的に変わる出会いの技術18

相手を動かす言葉を使おう。大事なのは「Why」

行動してもらうことが目的。そのための伝え方は？

自分にとって尊敬できる相手や、もっと親しくなりたいという相手がいて、その相手が自分の思うような行動を取ってくれないと感じていたら、それは伝え方に問題があるのかもしれません。

そもそもこの場合、相手にこちらの意図を伝えることが目的ではなく、伝わって行動を変えてもらうことが目的です。であれば行動を変えてもらうための伝え方を最初から意識するべきでしょう。

こういった場合、多くの人はＷｈａｔ（何を）から説明しがちです。しかしそれは間違い。

「Ｗｈａｔ（何を）」を語るよりもまず先に伝える必要があるのは「Ｗｈｙ（なぜ）」です。同じ内容であっても伝え方の順序によって、伝わるかどうかが変わってきます。

伝え方について非常に参考になるのが、プレゼンテーション動画サイトの「ＴＥＤ」でサイモン・シネックという方が語っているプレゼンのノウハウです（下記欄外のＵＲＬとＱＲコードから動画視聴可能）。

彼が言うには、物事を伝える時の３つの要素には、Ｗｈａｔ（何を）、Ｈｏｗ（どうやって）、Ｗｈｙ（なぜ）があるといいます。そして普通の人は、この順番通りに伝えようとします。明確なものから曖昧なものへと説明していくほうが楽だからです。

・Ｗｈａｔ：「素晴らしいコンピュータが誕生しました。いかがですか？」
・Ｈｏｗ：「美しいデザインでユーザーフレンドリーです」
・Ｗｈｙ：「……」

TED『優れたリーダーはどうやって行動を促すか』
https://www.ted.com/talks/simon_sinek_how_great_leaders_inspire_action?language=ja

これでは、このコンピュータと他のコンピュータの違いがよくわからず、買ってくれる人は少ないでしょう。

一方、スティーブ・ジョブズなどの革新的なリーダーは順番を逆に伝えます。つまり、Ｗｈｙ（なぜ）、Ｈｏｗ（どう）、Ｗｈａｔ（何を）の順です。

・Ｗｈｙ：「私たちは世界を変えるという信念を持って行動しています」
・Ｈｏｗ：「その手段は、美しくデザインされ、ユーザーフレンドリーなコンピュータです」
・Ｗｈａｔ：「そんな素晴らしいコンピュータが誕生しました。いかがですか？」

Ｗｈｙから始めて、他は同じ内容を、順番を変えて言っているだけなのに、確かに心に刺さりますよね。人はＷｈｙ（なぜ）に突き動かされるものなのです。

これは企業のプレゼンだけでなく、自分のお客さんや取引相手、仲間を動かしたい時にも有効な伝え方です。

先に、「なぜこれをやる必要があるのか」「なぜあなたの協力が必要なのか」を説明し、その後、「どうしてほしいのか」「何をしてほしいのか」という順番で話す。これが相手に伝えて、相手を動かすための伝え方の順番なのです。

「なぜ」を語っていこう

「Ｗｈｙ（なぜ）」の重要性を痛感したもうひとつの例が、『ニュータイプの時代』（山口周 著／ダイヤモンド社）という本です。

著者の山口さんは、モノが飽和する時代にあって、「役立つモノ」には価値がなくなり、「意味」がますます重要になっていくと説いています。

その代表例がコンビニです。コンビニにある商品のうち、役に立つモノ、たとえばハサミやホチキスなどの商品は1種類しか置いていません。棚の限界があるので複数置くことはできないし、1種類しかないからといって顧客も文句をいいません。

一方で、タバコは２００種類以上とりそろえています。これは、タバコが役に立つモノではなく、「意味があるモノ」だからです。

自動車や腕時計なども同じですね。自動車を役に立つモノ、つまり移動手段としてとらえれば、安全・安心に移動できれば車種はなんだっていいわけです。自家用車を買わずにタクシーで済ませてもいい。

しかし、意味を持つ車となると何でもいいというわけにはいきません。フェラーリやランボルギーニは、非常に高級ですが、ある人々にとっては意味のある車です。だから高級車として差別化でき、今後も必要とされ続けていくわけです。

淘汰されるのではなく、残り続けていくものにあるのは「意味」です。「Why」の重要性と共通するものがあるのではないでしょうか。

商品・サービスの提供においてだけでなく、人との関係を構築し、人に伝える際にも、「Why」「意味」が非常に重要です。それをあなたの口で語っていくことが、相手の心を動かし、行動を促すことにつながります。

プロフィールは実績型じゃなくビジョン型でもいい

「Why（なぜ）」を伝えるというのは、自分のビジョンを伝えることでもあります。

これまであまり深い関係ではなかった相手に、自分に対して興味を持ってもらうには、とにもかくにもプロフィールを伝える必要がありますよね。

自分はどんな人で、何をやってきて、どんな人とつきあいがあって……といったプロフィールです。

私のように、元ナンバー1ホストで、心理学を学んでいて、テレビにも出演経験があって……といった珍しいプロフィールを持っている人は、比較的興味を持ってもらいやすいといえます。

では、そんなプロフィールがない人はどうすればいいのか。**実績型のプロフィールではなく、ビジョン型のプロフィールを作ってもいいのです。**

たとえば、「無一文から億万長者への道を歩んでいる途中です！」でもいい。面白いと思ってくれる人も多いのではないでしょうか。マンガ『ONE PIECE』と同じです。「海賊王にオレはなる！」と、将来のビジョンを伝えることで、読者をワクワクさせることができます。

人を巻き込むには、そんなビジョン型プロフィールを作ってアピールするのもいいと思います。

Point

人に行動してもらいたい時の伝え方で大事なのは、「What（何を）」よりも「Why（なぜ）」。

実践編 2

ワンランク上の恋愛相手に引き上げてもらう

~3ステップで意中の相手を射止める~

Chapter. 5

凡人の人生が劇的に変わる出会いの技術19

できる「男」はいい「女」に育ててもらう

どんな女性とつきあうかが男の仕事運を決める

自分を引き上げてくれるのはビジネスの相手だけではありません。恋愛対象もまた、自分を育て、引き上げてくれる貴重な存在です。

私は男性と女性にはそれぞれ生物学的な役割があり、それぞれが持つエネルギーが異なると考えています。

男性の役割は外に出て狩りをしたり、食べ物を獲得してきたりすること。したがって、自分の力を使って挑戦したり開拓したりするエネルギーを持っています。

女性の役割は家を守ったり、子どもを産み育てたりすること。そのため、外から返ってきたオスや、まだ独り立ちしていない子供を守り、癒やすための癒やしのエネルギーを持っています。

もちろん現代では、人の役割も価値観も多様化しています。「男は外で働き、女は家庭を守るべきだ」などと主張する気はありません。ただ、男女が本来持つエネルギーは太古の昔からあまり変わってはいないでしょう。

男女それぞれがバランスよく役割やエネルギーを発揮している状態が、優れたパートナー関係といえます。

逆にうまくいかないのは、どちらか一方がもう一方に対して役割を押しつけている状態です。たとえば男性が女性に対して強引にイニシアチブを取って、強がって、言うことを聞かせようとする。そんな状態では男女の仲はうまくいきません。

女性は年齢性別を問わず相手を癒やすエネルギーを持っていますが、男性が強がってしまうと、そのエネルギーをチャージできなくなってしまう。そうなると仕事もプライベートもうまくまわりません。

男性は、外に出て仕事で消費したエネルギーを、女性の癒やし力でチャージしてもらう必要があります。チャージするからこそ、明日も外に出て戦おうという気力を養えるのです。

男性も女性も、生まれてくるのはお母さんのお腹から。誰にとっても女性は帰るべき安全基地です。男性はそんな女性のエネルギーを理解して、リスペクトして、うまく活用する必要があります。

「いい女」のエネルギーにサポートしてもらう

誤解を恐れずにいえば、**社会で成功している男性や、誰からも好かれるような男性の隣りには、必ず「いい女」がいます。**

では「いい女」とはどんな女なのかというと、私は、「癒やしのエネルギーを持っていて人を引き付ける力を持つ自立した女性」と定義しています。

そういった女性は男性の癒やしになり、男性のサポートを得意とします。そのような女性はみんなから好かれるので、恋愛関係とは違っても、周りにたくさんの「いい男」が集まってきます。

男性にとっては、そんな「いい女」に出会い、信頼関係を築き、できればパートナーになってもらうことが、人生を大きくステップアップさせるためには重要です。

なぜなら、「いい女」の周りには「いい男」がいて、その女性が彼らと自分を引き合わせてくれるから。

手前味噌で恐縮ですが、私の妻はその意味で非常によくできた妻だと思います。彼女とつきあい始めてから、彼女を通じて、たくさんの貴重な人脈に引き合わせてもらいました。私の人生にとっての重要人物で、妻がいなければ出会えなかったという人はたくさんいます。

「英雄の影に内助の功あり」とはよく言われます。歴史的な偉業を成し遂げた人の影には、この内助の功の存在が常にありました。

そんな意味でも、誰とパートナーシップを築くかは、仕事や人生を左右する大きな選択になるのだと思います。

仕事やプライベートで成功するポイントは「子育て」にあり

男女の役割の話が出てきたところで、「子育て」についても少し触れてみます。

仕事やプライベートで幸せな成功を手に入れたいなら、男性も子育てに積極的に参加するべき、というのが私の考えです。

スウェーデンやフィンランド、ノルウェーなど、「子育てしやすい国」「子連れに優しい国」ランキングで常にトップを独占する北欧は、父親の育児休暇取得率80％以上といわれます。さらに北欧は、学力ランキングでもトップクラスを維持しています。その要因はどこにあるのでしょうか。

政府の手厚い支援のおかげと考えられますが、それ以上に大きな理由となっているのが、父親の育児参加が当たり前という風土ではないでしょうか。父親が育児に参加することで、母親の負担が減り、ストレスが減り、結果として「子育てしやすい国」になっていると考えられます。

一方、日本の男性の育児休暇取得率は２０１９年の調査で６・２％。取得期間では、5日未満が56・９％を占めます。たった５日では育児に参加したとは到底言えないでしょう。

育休を取らないと白い目で見られるのが北欧の父親、育休を取ったら白い目で見られるのが日本の父親なのです。

男性がほとんど育児に参加しない日本では、母親がイライラ、カリカリとストレスを感じながら育児をすることになります。

イライラした母親は、「早く！」「急いで！」どういうせき立て言葉を多く発します。

これは子供に失敗体験を植え付けます。

また、「ああしろ」「こうしろ」「ダメ！」などと、子供の自主的な行動を言葉で押さえつけようとしたり、「後にして！」「わがまま言わないで！」という否定言葉を多用したりします。そのような命令・否定言葉は、子供の心に欲求不満を植え付け、子供の自尊心を奪います。

そして親のイライラは子供に伝染します。母親がイライラしていれば子供はストレスを感じたり、母親の顔色をうかがうようになったりします。「ママがイライラしているのは自分のせいだ」と自分を責めて、自己肯定感を下げてしまいます。

何も母親が悪いわけではありません。**子育てと家事と周囲のプレッシャーに囲まれて、精神的な余裕を失っているから出てしまう言動なのです。**

このような状況を改善するにはどうすればいいのか。**それは、妻が夫に役割を与えることだと思います。**

子供をお風呂に入れる、休みの日は子供と出かける、寝かしつけをする、家事を分担するなど、夫に育児・家事を割り振れば、妻に余裕が生まれます。妻は自分の時間を確保することができ、ストレスが減り、イライラして子供に当たることもなくなります。

一方の夫は、育児の負担は増えますが、子供がなついてくれるようになるので子供のことが一層可愛くなります。妻も機嫌がいいため、家庭での居心地がよくなります。その結果「活力資産」が増えて、「もっと喜んでもらおう」「もっと幸せにしたい」と、仕事にも一層精を出せるようになる、という好循環が生まれます。

父親が子育てを積極的に行うことの意義については、さまざまな研究がありますが、大きくわけると次の3つの効果があります。

まず、子供の成長。父親が子供と積極的に遊んだり、しつけなどにかかわったりすることは、子供の自立性や社会性など、生きる力に影響を与える可能性があると言われています。

また、父親自身の成長にもつながります。子育てへの積極的関与は、父親自身の自己理解、他者への共感的理解の発達に影響するからです。相手を理解することはビジネスにおいても重要なスキルです。

そして最後に、妻への影響。父親の育児・家事参加が少ない家庭では、母親のストレスが高くなり、反対に父親が育児・家事に積極的にかかわる家庭では、妻の子育てや生活満足感が高いことがわかっています。

妻が夫から精神的に支えられることは、夫婦関係を良好にし、妻の子育てにもプラスの効果を与えます。

あなたが父親なら、積極的に育児にかかわっていきましょう。母親ならば、夫に対して役割を与えるようにしましょう。それが、家庭環境を良好にし、仕事の成功にもつながるのです。

Point

男性のパワーをチャージするには女性のエネルギーが必須。いい女性パートナーを見つけることが仕事運につながる。

凡人の人生が劇的に変わる出会いの技術20

これでモテる人になる！3ステップコミュニケーション

省エネ恋愛時代を乗り越える

いい異性（特に女性）をパートナーにして、自分を引き上げてもらうためには、まずその異性と信頼関係を築く必要があります。そのためのコミュニケーション方法について簡単に解説しましょう。いわば「モテ術」です。

20代、30代の若い層の「恋愛離れ」が話題になっています。なぜ恋愛をしない人が増えたのかというと、その理由には、「傷つきたくない」「告白して振られるのがこわい」という自己肯定感の低さが挙げられるでしょう。

しかし、そんな若い人たちも恋愛をしたい気持ちはあります。自分に自信のない男女がどこで恋愛するきっかけをつかむかといえば、SNSや婚活アプリです。

SNSなどを使えば、多数の候補のなかから好みの人を探すことができます。そして気軽にメッセージを送って仲良くなることができ、場合によっては告白もSNS上で行えます。

もし、それで振られたとしても、バーチャルでの出会いなのであまり傷つかないのが特徴です。

ハロウィンがイベントとして盛り上がるのも、同じような背景があると思います。女性を直接デートに誘うのはこわい。でも、彼女はほしい。そこで、男友達と一緒に仮装してハロウィンに繰り出し、その場で出会った女性グループをノリで誘ったりする。もし断られても、「ハロウィンのノリだったから」と自分に言い訳できるので、プライドが傷つくおそれはない。

このように、失敗しても傷つかないよう、あえて不利な条件を選ぶことを心理学では「セルフ・ハンディキャッピング」といいます。

SNSでの出会いも、街中での出会いも、失敗しても確かに傷つきません。傷つかないから手軽にできる。いわば「省エネ恋愛」といえるでしょう。

しかし当然ながら、ＳＮＳやイベントでの出会い頭事故を期待しているだけでは、パートナーを作ることはなかなか難しい。お手軽な方法に頼ることなく、リアルの世界でパートナーをつくるように取り組むことが大切です。

そこで、自分の意中の異性と仲良くなり、深い関係を築くために大切なことを解説します。覚えておいてほしいのは次の３ステップです。

ステップ①「なんとなく好かれる存在」になる
ステップ②「いないと困る存在」になる
ステップ③　秘密を共有する

まずステップ①で、相手にとって「どうでもいい存在」ではなく、「なんとなく気になる存在」として自分を認知させます。そしてステップ②で、「いないと困る存在」へと格上げします。そして最後にステップ③「秘密を共有する」ことで、相手にとってより重要な存在となり、パートナーシップを築くということです。

順を追って説明していきましょう。

ステップ①「なんとなく好かれる存在」になる

最初のステップとして、自分に対する無意識の好感度を高めていくことで、相手にとって「なんとなく好かれる存在」になる必要があります。

そこで大事なのは、自分の魅力を伝えることではなく、まず相手のことを理解して、相手が求めることを差し出すことです。

そのためには、すでに説明したいくつかのテクニックを使って、「ラポール」を形成しなければなりません。

相手のことを「観察」「理解」「同調」するコミュニケーションを繰り返すことで、相手に興味を示し、相手の求めていることを満たしてあげようと努力することが大事です。

観察の際には、しっかりと相手に注意を向けてプロファイリングをするようにします。

・相手はゴレンジャーでいうとどんなタイプか
・どんな悩みを持っているか

・何を求めているのか
・将来どんな不安を感じているか
・お休みに何をやっているか
・仕事中に何を感じているか
・どんな理想を持っているか
・どんな欲望を持っているか

などなど、このあたりの情報を把握し、理解を示してあげると、相手との距離が縮まりやすくなります。

外見についても観察が必要です。**その相手と会ったときに、徹底的に観察してください。**できれば観察した内容をメモに取っておくといいですね。

よく観察しておけば、次に会ったときに違いがよくわかり、「あれ、前髪切った？　似合ってるね」とか「そのバッグ、いいね。この前も持っていたよね」などと理解・共感を示すトークを展開することができます。

話を聞く際には、Ｃｈｐｔｅｒ１で説明した５つのポイント（笑顔、視線、顎の角

度、デコルテ、バックトラッキング）やオーバーリアクションを意識しながら、全力で傾聴します。そして、「わかる！」「そうそう」「私もそう思う」と共感や理解を示します。

たとえば相手が仕事のことで悩んでいたら、その話を、最大の関心を持って聞いてあげる。

途中では決して、「それは違うよ」などとアドバイスをしてはいけません。口を挟まずに、「理解」する姿勢を示してあげることが大切です。

「相手の名前を呼ぶとき」「大事な話をするとき」など、いざというときには、5～7秒相手の目をしっかりと見つめて話します。目を見つめて話すと、脳内物質である「オキシトシン」、通称愛情ホルモンが分泌し、愛情が深まることが科学的にも明らかになっています。

これらのいろいろなテクニックを駆使することで、相手の異性は、「自分は理解されている」「この人にはいろいろなことを話しやすい」「なんとなく好きかも」という意識を持ってくれるようになります。

特定の人と何度も会うと、その人に対する好感度が高まるという心理的効果があります。**「単純接触効果（ザイオンス効果）」と呼ばれます。**

この効果を期待して、単純に何回も会う機会をつくるというのも、「なんとなく好き」になってもらうためには有効です。

なぜ繰り返し会うだけで好印象を抱くのか。それは、すでに触れた「認知的不協和」で説明がつきます。

「繰り返し会うということは、自分にとって大切な人なんじゃないか」と脳が勘違いするのです。

小学校2年生の時に習う「九九」は、子どもにとっては特別重要な情報ではありませんよね。でも繰り返し繰り返し復唱することで、脳が「重要な情報だ」と認識し、長期記憶になるのです。**恋愛においても、繰り返し会うことで、相手の脳に自分の情報を長期記憶化させることが可能となります。**

接触といっても直接会うだけでなく、別の方法でも構いません。たとえばＬＩＮＥを使ってメッセージを頻繁にやり取りするだけでも、接触していることになり、単純接触効果が期待できます。

ただし、あまりに頻繁に送りすぎて「うざい」と思われないように注意しましょう。

長文は嫌がられてしまうので、2、3行の短い文でトークを長く繰り返すことが大事です。

その点でも相手をよく観察し、相手の気持ちを推測しながらコミュニケーションをするように心がけましょう。

ステップ②「いないと困る存在」になる

相手の女性にとって「なんとなく好かれる存在」になれたら、次はもう一段階ステップアップします。「いないと困る存在」を目指します。「いないと困る存在」になれば、相手を依存させることができます。

そこでポイントとなるのは、「バランスの良いSキャラ」になることです。

たとえば男性は体力もありますし、年齢が上がっても仕事はありますし、ひとりで自立した人生を送ることが可能です。一方、女性は体力や経済的な面からそうはいきません。

女性は男性に比べて身体が小柄で、腕力や体力がないですし、男女平等の時代とはいえ、実際には社会的地位や収入が上がらない現実もあります。お化粧やファッションなど、男性より外見の維持にお金がかかります。また、男性にはない生理・生理痛といった煩わしいイベントがあります。

このような環境に置かれた結果、**すべての女性の中に共通して芽生えるのが、「何かに依存をしたい」という感情です。**

依存というのは具体的にどんな感情かというと、

・自分は必要とされていると感じたい（自己承認欲求）
・自分はひとりじゃないと感じたい（社会的欲求）
・自分に自信がほしい
・達成感を得たい
・このこだわりは譲れない
・私の存在意義を感じたい

というものです。こうした依存心を、悪い言い方をすれば利用します。そして、女性を依存させやすい男性キャラクターづくりをするわけです。

「優しい男子を演じて女性を甘やかせる」というのは間違ったキャラづくりです。目

指したい姿は、「バランスの良いSキャラ」です。

具体的には、

・Sだけど本当は優しい
・Sだけど礼儀正しい
・Sだけどユーモアがある
・Sだけど親しみやすい
・Sだけど自虐ネタも言える

といったギャップを持っているキャラです。

ギャップの部分とSの部分、つまりアメ（快楽）とムチ（苦痛）のバランスが大事で、基本的には、アメ3：ムチ7の割合が良いでしょう。バランスの良いSキャラとして主導権を握り、女性を引っ張っていくという男性像を常に頭に叩き込んでください。

主導権を握る方法としては、たとえば次のようなシーンにおいて、限定した選択肢を女性に与え、女性に選ばせるようにします。

・デートのお店選びなら
↓「○○ってお店と△△ってお店が美味しいらしいんだけど、どっちか行ってみない？」

・注文するメニュー選びなら
↓「ここは☆☆と◎◎がすごく美味しくてオススメだよ。どっちか食べてみる？」

・飲むお酒選びなら
↓「ここの料理は焼酎か日本酒がすごく合ってオススメだよ。どれにする？」

こうやって男性のほうから提案することによって、女性に「リードしてくれる頼もしい男性なのね」「楽しませようといろいろ考えてくれてるのね」と思わせることができます。

これにより、女性とのコミュニケーションをこちらの進めたい方向へ誘導していくことができます。

このようにして主導権を握ってコミュニケーションを取り続けると、女性の中に「こ

の人に任せておけば安心」という依存化意識が生まれ始めます。

それが最終的には、「この人が言うんなら、お家に遊びに行っても良いかなぁ」という感情にまでつながります。

反対にやってはいけないのは、女性にプランを提案するとき、「◎◎にしようよ！」「××に行こうよ！」のように選択肢を与えずに決定してしまうこと。女性に「勝手な人」「強引な人」思われてしまうからです。

また、「君の好きな物でイイよ」「君が喜ぶことならなんでもイイよ」というのもNG。「自分がない人」というマイナスの印象を与えてしまいます。

重要なのは、女性に選ばせるようにすることです。

選ばせることによって、「紳士的でレディーファーストな男性」という印象を与えられます。しかも、その選択肢はこちらが与えているので、結局、場をコントロールすることもできます。

女性とコミュニケーションを取るときには限定した選択肢を女性に与え、女性に選ばせるようにしましょう。

ステップ③秘密を共有する

「なんとなく好かれる存在」となり「いないと困る存在」になったら、いよいよ最終段階。お互いに秘密を共有します。

親兄弟や友達にも言えない、お互いの秘密を共有することができれば、相手のなかで「認知的不協和」が生まれます。

つまり、「なぜこの人に大切な秘密を話してしまったんだろう？」という矛盾が生まれ、この矛盾を解消しようという無意識の働きにより、「私はこの人のことが大切だから、秘密を話したんだ」という感情が起こり始めるのです。

問題は、「誰にも言えないような秘密」を相手からどうやって引き出すかです。

ひとつの手段として、私がホスト時代によく行っていたのは、徹底的な自己開示です。

仕事の内容、仕事の悩み、これまでの経歴、プライベートの過ごし方、収入・貯金額、欠点・弱点・コンプレックスなどなど、ポジティブなことだけでなくネガティブなことも含めて、普通は人に秘密にするようなことを何でも語りました。

自己開示をすることで、自分という人となりがまず相手に伝わります。そのうえで、「〇〇ちゃんはこんな悩みないよね？」と相手に振ると、相手も素直に話してくれるようになります。これは、「好意の返報性」という心理的効果によるものです。

こちらが何でも話すから、相手も何でも話してくれるようになるということね。

相手との距離をさらに縮めることのできるトークが、恋愛話やエロネタです。恋愛話は友達同士の間柄でも積極的には語らない人が多いですよね。さらに性的な話となると、仲の良い友達ともなかなかしないでしょう。

そんな話を相手にも打ち明けてもらうことができれば、相手にとって自分が「特別な存在」というポジションとして認識されることができます。

このトークに持っていくためのポイントもやはり、最初に自己開示することです。「オレのこれまでの恋愛パターンってこんな感じだったんだけど、〇〇ちゃんは今までどんな恋愛してきたの？」というふうに聞き出します。

恋愛話に慣れてきたら、さらにディープな話に持ち込みます。「ちょっと恥ずかしい話なんだけど、ぶっちゃけトークしていい？」と切り出します。「〇〇ちゃんだからこんなこと言えるんだよ。実は初体験の時さ……」と話を展開します。そのうえで、

「〇〇ちゃんはどうだった?」と聞き出すのです。

ここまでのステップで相手と信頼関係を構築でき、相手にとって「いないと困る存在」になっていれば、話を聴き出すのは難しくないでしょう。

性的な話を切り出しやすくするためのテクニックをひとつお教えします。**会話の中で、心理テストを取り入れることです。**

心理テストであれば、明るく楽しい雰囲気で切り出すことができ、相手がポロッと大事な秘密をもらしてしまうことが期待できます。そこで、本などを参考にいくつかの心理テストを覚えておくとよいでしょう。たとえば次のようなテストをやってみます。

質問「男性から指輪をプレゼントされました。その時のサプライズ演出はどんなものだった?」

A：バルーンのなかに入れて渡す
B：食べ物のなかに隠して渡す
C：街を歩いている時に突然渡す

D：ゴージャスなリボンの飾り付けをして渡す

解説「このテストでわかることは、あなたの眠っている性癖です」

Aを選んだ人：あなたは非日常的なシチュエーションでのエッチに憧れがあります。カラオケボックスや屋外など、いつもとは違う場所でエッチをしてみると興奮するでしょう。

Bを選んだ人：あなたは目隠しされると興奮するタイプです。お相手に目隠ししてもらいエッチをすると、感覚が敏感になるでしょう。

Cを選んだ人：あなたは人に見られながらのエッチに興奮するタイプです。見慣れながらすることでいつもとは違ったドキドキが楽しめるでしょう。

Dを選んだ人：リボンは拘束への関心を示します。あなたは縛られることで興奮するタイプです。タオルやベルトで軽く縛られながらエッチをしてみては？

このような心理テストをすることで、楽しく盛り上がれると同時に、相手の隠れた性癖を少しずつ探ることができます。

もちろんこの場合も注意したいのは、自己開示が先。「オレはCだったんだよね」とまず告白することで、相手も話しやすくなります。ぜひ試してみてください。

Point

相手にとって特別な存在になるにはステップがある。
最終的には「秘密を共有」し、なくてはならない存在になる。

まとめ編

さらに上の人生を手に入れるために

～奇跡が起こるのは偶然ではなく、必然～

Chapter. 6

自分の理想の姿を演じ続ければ、やがて現実化する。

つながりたいなら、波長を合わせるしかない

ここからは、準備編、実践編の総仕上げとして、人と関係をつくり、人に引き上げてもらい、自分の人生を大きく変化させるための心構えをお伝えしていきます。

まず、改めてお伝えしておきたいのは、人と波長を合わせることの大切さです。

人の脳は、自分が重要と意識している物事に関する情報を、無意識のうちに選別して強く認識するようになっています。**このことを「カラーバス効果」といいます。**赤を意識している人は、街中でも赤ばかりが目に付くということです。

人間関係についても同様で、自分にとって大切な情報をもたらしてくれる相手のことは強く認識しますが、そうでない人のことはすぐに忘れてしまいます。

もしあなたが憧れ、目標にしている人がいるなら、その人に認識されやすい存在にならなければなりません。そのためには、相手と波長を合わせることが大切です。

携帯電話でなぜ通話が可能になるかというと、お互いの端末が使っている電波が一致するからですよね。一致しなければ通話はできないのです。

人間関係においても誰かと通じたければ、相手と波長を合わせる必要があります。波長とは、お互いの信じている価値観、見ている世界などのこと。

そこでまずは、自分の理想像を明確にしましょう。そしてその理想像と最も近い人に、チューニングを合わせて、つながっていきましょう。それが、自分の理想を現実化するステップとなります。

理想の自分を演じきる

自分の理想が具体的になったら、どんな時にもその理想の自分を演じるようにしましょう。

「Fake it till you make it.（＝成功するまで、成功しているフリをしろ）」という言葉があります。**理想が現実化するまで、成功しているフリをして自分の脳を騙し続けることで、次第にそれが現実になっていくという心理現象です。**

たとえば年収1億円のビジネスマンを愚直に演じ続けると、次第に自分の脳が騙されます。その結果、演じている自分が本当の自分と思い込むようになります。そうなれば、周りが変わり、演じているあなたに合った人が引き寄せられるようになります。

初めて子供を出産して不安だった女性が、すぐに母親らしくなるように、役割を演じ続けていれば、その役割に合った自分に変わることができます。

役をもらったエンターテイナーのように、自分の理想とする役割を演じてみてください。やり方なんてわからなくてもいいんです。自分が自由に想像し、その想像した内容を言葉に出し、実行すれば、信じたことは現実化します。

未来を変えるとは、今を変えること

「未来」は「今」の先にあります。だから、「今」を飛び越えて「未来」を変えることは不可能です。まず「今」を変えるしか、「未来」を変える術はありません。

しかし多くの人は「今」を見つめることをおそれています。今を見ると、あまりにも現実的で不安になってしまうからでしょう。

たとえば年収1000万円になりたいと思っている人にとって、年収300万円の「今」は見たくない現実かもしれません。しかし、そこに向き合わなければ、今自分にできることを見つけることができません。

これは車のナビゲーションシステムと同じで、目的地にたどり着きたければ、どこに行きたいか「ゴール」を設定し、そして現在地を設定することで、正しい道筋を示してくれるわけです。

まずは現在の自分をありのままに受け入れることです。そのうえで、「自分は年収1000万円の人間だ」と、「Fake it」で演じ続けるのです。理想の自分を演じ続ければ、やがて未来は近づいてきます。

Point

人とつながりたいなら、相手と波長を合わせること。
自分の理想像を演じきり、波長を合わせられる存在になろう。

奇跡のような出来事は意図的に起こせる

集合的無意識が願望を叶える

素晴らしい出会いや出来事が起こる前には、必ず不思議な「奇跡の偶然」が起こります。

成功者が、自分が成功した要因について、このようなエピソードを語っているのを見聞きしたことはないでしょうか。

「困っていた時にちょうどいいタイミングで、協力者が現れた」
「ある人（メンター）との出会いが、私の人生の転機になった」
「幸運なことにチャンスに恵まれた」

■「集合的無意識」とは？

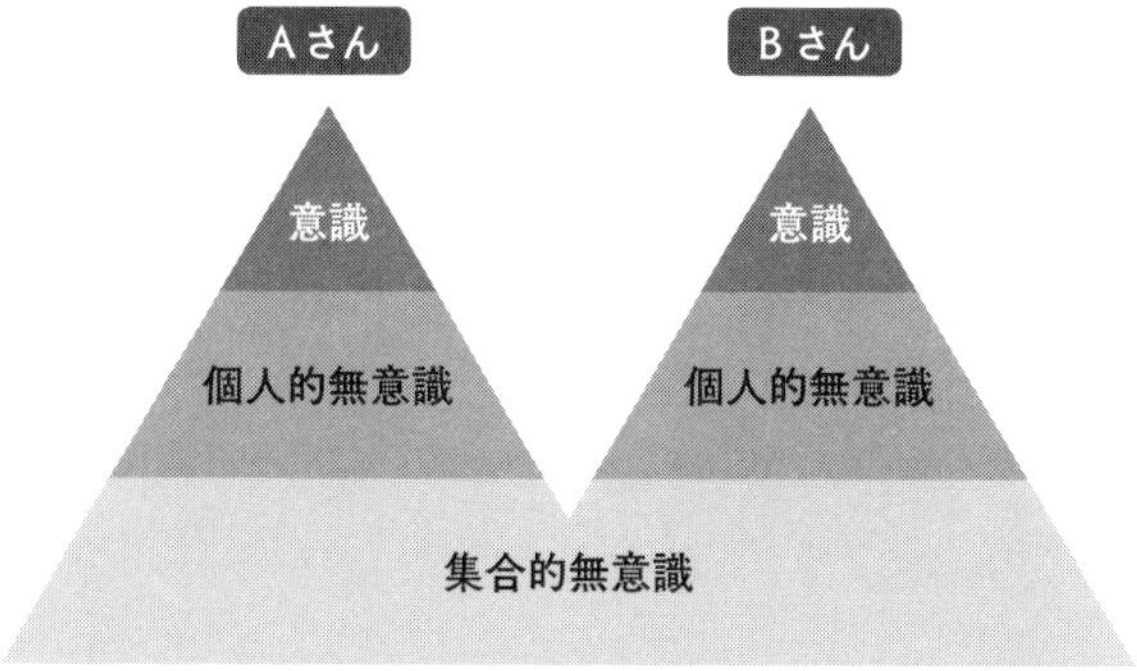

「偶然、探し求めていた情報を手に入れた」
「書店でたまたま手に取った本が、自分の運命を変えた」

これらの奇跡的なエピソードも、実は偶然ではなく、必然の結果といえます。心理学のカール・ユングは、このような偶然の出来事によって重要な気づきを得られる現象を、「共時性＝シンクロニシティ」と名づけました。

シンクロニシティはなぜ起こるか。その理由は「集合的無意識」の存在にあります。

私たちの「意識」の下には、自覚することのできない「潜在意識（無意識）」があります。そしてさらにその奥底には、他人と共有している「集合的無意識」があるとユングは唱えています。

心の側面から見ると、すべての人は他の人と「集合的無意識」でつながっているということです。

「長らく会っていなかった友人のことを思い出したら、その人から電話がかかってきた」

「家族に何か良くないことが起きたとき、自分は別の場所にいたのに、何か胸騒ぎがした（＝虫の知らせ）」

これらは偶然の一致ではなく、人間の奥底にある「集合的無意識」による心理現象です。この「集合的無意識」を活用することが、人づきあいの円滑にするうえで重要なポイントとなります。

「集合的無意識」の説を前提とすれば、人生を変えるような人との出会い、チャンスとの出会い、情報との出会いは、偶然ではなく必然です。**自分の生き方が人やチャンスを引き寄せ、奇跡を起こすということです。**

たとえば「書店でたまたま手に取った本が、自分の運命を変えた」という奇跡にしても、実は必然的に起こっていたことです。

自分の運命を変えるような情報に対して強くフォーカスして書店内を歩いていたからこそ、本当に必要とする情報に出会えたということでしょう。

このような奇跡を必然的に起こすためにも、引き寄せたい人・モノ・情報に、自ら波長を合わせていくことが大事なのです。

奇跡を妨げる「外力」を取り除くには？

奇跡のような出来事を意図的に起こす際に、妨げとなる力があります。これを私は「外力」と表現しています。

・外力＝「不安、不満、執着、恐れ、諦め、拗ね、固執、拒絶、妬み、やっかみ、勘違い、力み、歪み」などのこと。

つまり、ネガティブなエネルギーです。仏教用語で言うところの「煩悩」とも似ています。

このようなネガティブなエネルギーが自分にあると、本来ならつながるものとも、つながることができなくなります。

糸電話の糸は、正しくピンと張った状態でなければ、相手に音は伝わりません。途中で誰かが糸に触れているだけで、音は伝わらなくなります。

それと同じように、不安や不満を強く抱えていたり、力んだり、妬んだり、恐怖を感じていたり、ネガティブな感情に余計なエネルギーを使っていると、外力が働き、必然的に出会えるはずの奇跡に出会えなくなります。

外力を取り除くために意識したいことは、ニュートラルな状態になることです。**ありのままの自分を受け入れて、認めて、無理にがんばろうとせず、執着心やプライド、分別心、妄想など、自分がとらわれているすべての思い込みを捨ててしまいましょう。**そして、ダメな自分を開示し、開き直りましょう。これを行うと、ニュートラルで無の状態になることができます。

大切なのは「野心」ではなく「無心」です。無心は心がないのではなく、心を無にすることです。つまり、心から余計なものが抜けて、目の前のものがクリアに見えてくる状態です。

すべてを捨て去り、「無」になれば、あなたは初めて本来の純粋な自分を取り戻せます。そうなると、心がリセットされ、新たな自分の進化が始まります。

その結果、「集合的無意識」とつながって「シンクロニシティ」が起こります。

心配しなくていいですよ。**どうせ、うまくいくんです。わがままに、自由に、ありのままに生きましょう。**

他人から批判されたりバッシングされたりしても、動じる必要はありません。そのぶれない安定感が魅力となり、あなたの周りに人が集まります。周りに助けられながら、人生をどんどん好転させていきましょう。


それでも、「どうしても外力を外せない」という人もいます。

なぜ、外力を外せないかというと、**自分の未来を信じていていないから。**そのために余計な力が入ってしまうわけです。

幸せな人は、「幸せになりたい」と思いませんし、お金持ちの人は「お金持ちになりたい」と思いませんよね。彼らは成功する未来しかイメージしていないから、余計な外力を持つことがないのです。

しかし、失敗を前提にイメージしてしまうと、「失敗したくない」という思いから外力が生まれます。

成功することが前提としてあれば、失敗や挫折があってもあせらずに受け入れることができるし、周りでうまくいっている人がいても「次は自分だ」と思えるので、嫉妬することもありません。むしろ自分の近くにいる人が成功しているということは、自分のコンフォートゾーンに良いエネルギーが入り込むことであり、逆に喜ぶべきこと。一緒になって喜ぶことのほうが良いということになります。

外力を外すには、何を信じるかがとても大切です。信じたものとつながり、それが現実となるからです。

「もし、うまくいかなかったら」を前提に考え、「うまくいかない理由」ばかりを見てしまうと、うまくいかない結果に引き寄せられることになります。これは心理学でいう「カラーバス効果」です。

反対にうまくいく人は、「うまくいく」を前提に考え、「うまくいく」を信じて行動し、「うまくいく理由」が見えています。それが、うまくいく結果を引き寄せます。これもカラーバス効果です。

もちろん、「うまくいく」と信じれば、すべてが成功するというほど人生はたやすいものではありません。当然、失敗することはあります。恋が成就すると信じていても振られることはあるし、売れると信じていても、売れない時は売れない。

でも、それが人生。

「そんなことがあっても大丈夫」と思えることが本当の自信です。

うまくいかないことがあっても、そこには必ずギフトがあります。そう思えるからこそ、私たちは前に進めます。

そして、本当の自信を手にいれた人だけが、ワンランク上のステージに上がっていけるのです。

Point

奇跡は偶然ではなく必然に起こる。
奇跡を妨げる外力を捨てるにはニュートラルになること。

凡人の人生が
劇的に変わる

出会いの技術

あとがき

いかがでしたか？
本書を読んで生き方や頑張り方を少し変えてみようと思ってもらえたら、うれしく思います。

どのタイミングで本書に出会ったかは人それぞれですが、出会ったこと自体も必然です。きっと何か意味があって出会ったわけですから、今度はぜひ、実際に行動に移してほしいと思います。

行動することで、これまで出会うことがなかったような人たちと出会うことになるでしょう。

行動によってインプットが変わり、インプットしたことをアプトプット、その流れを繰り返していくことで、いつの間にか違う景色が見える場所に自分がいることに気づくはずです。

自分ひとりの力で頑張っていたときはうまくいかなかった私も、人と出会い、他力で生きることでうまくいくようになりました。

まずはあなたが「出会いの技術」によってコンフォートゾーンを移行させて、いきいきと輝き、仕事でもプライベートでも幸せな成功事例を作ってみてください。

その次は、あなた自身が他人に良い影響を与えることができる人間になる番です。

あなたが「あの人に会いたい」と思っていたように、今度はあなたが「会いたい」と思われる人になってください。

そうなれば、あなたの周りには自然に人が集まり出し、その数はますます加速化されるようになります。

その人たちの心にロウソクの火を灯し、何だかわからないけどこの人といると元気になる、ワクワクする、うまくいく、と思ってもらうこと。

信頼関係を構築できた人たちの力も活用することで、「あなた」という価値は、数十倍、数百倍というスピードで世界に広まっていくことでしょう。

「はじめに」で書いたように、成功している人は「能力」や「才能」が高いから成功しているのではなく、それだけ多くの人に存在を「認知」させ、「価値」を感じさせているから成功しているのです。

ひとりの力で何とかしようと思わずに、どんどん知恵やお金や時間を使いこなして、「出会いの技術」を磨いていきましょう。

そうすれば、あなたのもとにお金と「ありがとう」が集まり出します。

最後に、本書では「出会い」によって人生がうまくいくということについてお伝えしてきましたが、この本の出版に際してもたくさんの人と出会い、その方々の力をお借りして、「あなた」に届けることができました。

私ひとりの力では決して世に出ることはなかったでしょう。

この場をお借りして、関わっていただいたすべての方に、**そして、手に取っていただいたすべての「あなた」たちに感謝したいと思います。**本当にありがとうございました。

この御恩はまた、別の形でお返しさせていただきたいと思っています。

2020年2月　斉藤恵一

PROFILE

斉藤 恵一

（さいとうけいいち）


セルフマネジメントプロデューサー／メンタルコーディネーター／心理家。

大学時代に歌舞伎町のホストの世界に飛び込み、半年間売り上げゼロから、あるターニングポイントをきっかけにセルフブランディングに取り組み、後に約7年間売上げNo.1となる。

その後、ホスト時代の経験を基に人間の心理にフォーカスしたプランニングで数々のコスメオリジナルブランドの立ち上げから、販売スタッフ育成までトータル的にプロデュース。ブランドプロモーション、店舗開発、人材マネジメントやターゲットに沿ったオリジナルブランドの企画・開発・販売実践、イベント企画などに携わる。さらに、認知心理学、イメージングメゾットなど、脳科学の分野専門に学び、ディプロマを取得。

現在はフリーランスとして、美容業界を中心に、アパレル業界、タレント業界などで、メンタリングやコミュニケーションスキルなどセルフマネジメントのプロデュース、新規事業のプロデュースおよびコンサルティング、人材育成のサポート、イベント製作、セールスプロモーション、講演、執筆など多岐にわたって活動している。『ナカイの窓』（日本テレビ）などのテレビ出演も多数。

著書に『心が読めれば人生が変わる　～1回で「絶対的な信頼」をつかむ技術』（ダイヤモンド社）、『自分の中にある、タレント力と出会う本―Create My God』（女性モード社）がある。

●セルフマネジメント｜斉藤恵一オフィシャルサイト
http://www.nodoubt.jp/

［書籍コーディネータ］
小山睦男［インプルーブ］

［構成］
平 行男

［ブックデザイン］
金井久幸＋髙橋美緒［TwoThree］

［カバーイラスト］
米村知倫（Yone）

［本文イラスト］
津久井直美

読者限定特典・登録者全員プレゼント!

本書を手に取っていただいた方へのプレゼントをご用意いたしました。
本の内容を深く理解していただくための動画です。ぜひご覧ください。

1 スマートフォンでLINEアプリを起動。
2 右上の"+"マークのついた[友だち追加]タブを選択。
3 [QRコード]をタップして、右のQRコードをスキャン。
https://syk01.com/lp/8ux/3yvn
4『人脈術』と一言メッセージを入れてください。

①**「コミュ障でも人脈を増やせる出会い方テンプレート」**
②**「凡人でも、なぜか周りが助けてくれる人になる5つの方法」**
③**「自信がなくても信頼してくれる話し方3選」**
以上、3本の動画が視聴可能になります。

凡人《ぼんじん》の人生《じんせい》が劇的《げきてき》に変《か》わる 出《で》会《あ》いの技術《ぎじゅつ》

～仕事《しごと》も恋愛《れんあい》もワンランク上《うえ》の相手《あいて》とつきあって引《ひ》き上《あ》げてもらう!～

2020年3月31日　初版第1刷発行

著　者　斉藤恵一
編集人　河田周平
発行人　佐藤孔建
印刷所　三松堂株式会社
発　行　スタンダーズ・プレス株式会社
発　売　スタンダーズ株式会社
〒160-0008
東京都新宿区四谷三栄町12-4 竹田ビル3F
営業部　03-6380-6132